慢走 徒步旅行的乐趣

SLOW JOURNEYS: THE PLEASURES OF TRAVELLING BYFOOT

吉莉恩·苏特（Gillian Souter） 著　　徐沐子 译

中国人民大学出版社

·北京·

献给约翰，因为他拥有的不仅仅是一个背包。

编辑絮语

　　我也是一个户外徒步、爬山的爱好者。基本上每个周末都会在北京附近爬山或至少徒步 10 公里。有时还会去很远的地方徒步,比如 2012 年去了贡嘎雪山绕山,阿拉善沙漠徒步,五台山大朝台……我经常会拉一些朋友走向户外,也会喋喋不休地和朋友谈户外徒步的好处。我走不快,但可以一天走上八九个小时,甚至更长。所以,我喜欢这本书——《慢走》。

　　常出去走走的好处作者已经说了很多,我不及作者去过的地方多,但感受是相同的。不过,我觉得不必去看别人怎么写去户外走走的好处,这部分内容是写给已经在走的人看的,他们会感同身受,会心一笑,甚至引发他们回想起自己曾经的徒步历程。如果你很少出去,就不必看为什么徒步,只要你出去走了,这些好处必然就会体验到。我只想说:在户外行走中,你会发现一个让你很喜欢、很得意的自己。

读这本书的好处在于：让你的户外生涯更安全、更长久，也更美好。最近常听到一些"驴友"在户外遇险的消息，而有些不幸是完全可以避免的。所以我主张走向户外之前，要武装一下自己。我的户外常识是在一次次行走中建立起来的，因为我比较胆小，个人的体能也不够强，所以开始走的时候多是在有成熟山道的地方走，或是跟着"老驴"走，在这个过程中积累一些户外知识。但是对于那些身体素质好、心急胆大的年轻朋友来说，提前学习一些户外知识是十分必要的，本书就是一本最好的入门法宝。如何选择路线，如何走在自己想走的路线上而不至迷路，如何准备必要的装备，如何准备路餐和水，如何面对各种气候，等等，都是有一些基本套路的。有备无患，走过越多的路，越觉得这种"准备"必要。这些知识即便不走十分严酷冒险的路也是十分必要的，可以让你走得更长更远，且减少行走中不必要的痛苦，增加行走中的乐趣。

那些你没有去过的地方，别人再准确的文字描写、再精细的照片也难让你了解其险峻，GPS有时也很难描绘出你脚下的路线。所以，我主张去比较险峻复杂的路线时一定要和走过这条路线的人一起走；走过10公里路程的路线后再去挑战20公里路程的路线，要循序渐进；了解路线，还要了解自己在极端条件下的身体极限。在户外，理解"小马过河"的故事十分重要。对别人很难的事情，对你可能很轻松；对别人很轻松的事情，对你可能很难。你的体能和经验是逐步积累起来的。走向户外，我们除了要对自然保持一份敬畏之外，更要对我们的生命保持敬畏。山在那儿，活着，才能不断走进大山。同时不让膝盖出问题，不因中暑、脱水而使徒步很噩梦，也是让徒步充满乐趣的必要条件。当然，自虐也是一种享受，但还是不要因自虐而影响健康。

这本书，笔调轻松，作者把她多年来的徒步经验系统总结，但又不像户外生存手册那样干巴巴的。优美的文字让你感受到作者徒步中的乐趣，也感受到很多如作者一样的户外爱好者的各种各样的乐趣。希望读者喜欢这本书，并能够走出家门，到大自然中去。

费小琳

2013 年 4 月 26 日

前　言

很少有人懂得如何走路。走路的前提……是耐力，简单的衣服，旧鞋子，观察大自然的眼睛，开朗的性格，强烈的好奇心，善于表达，善于沉默，它并不需要太多的东西。

——拉尔夫·沃尔多·爱默生，1858

这本书的主题是走路。之所以选择这一主题，是因为有人在书店像鹅一样围着我，叫嚷着要我写这样的书；再者，我想告诉潜在的读者们，它不仅仅是一本关于慢走或慢行的书，还暗示我们应该向自己的目标或目的地阔步前行。后来我才意识到，没有人喜欢被误认为是鹅，在购买和阅读这本书之前不要轻易去冒险，我已经在书的副标题中表明了我的意图。所以请注意：当书中出现了"走路"等字样时，它意味着为期数天的历程，要凭借毅力跨越相当长的距离，在整个过程中感悟所看到的世界。你或许走遍了自己所住的地方，或者到过更遥远的地方；你可以探索沿途的大千世界，体会慢走中的奇妙收获。如果你的时间有限，那么就去尝试短时间的旅行，提前定好目的地，选一个天气不错的日子出发吧。

众所周知，出版界有大量的关于徒步旅行的书籍。它们往往只讲述特定的路线，要么就是围绕"生存"和"原野"等主题构思，作者大都是留胡子的男士。这类书通常和野外步行有关：依靠自己解决食宿问题，走出一条自己的路。此种徒步模式只适合于那些强硬的灵魂——它把你带到了人们很少踏足的地方，当你处身于这种最原始的环境中时，你感受良多，收获也良多。但它也意味着你所承载的命运，你将面临大自然施加于你的困难，也许你只能靠简单的饭菜填饱肚子，无法享受佳肴盛宴。但在我的书里所勾勒的乡野小路上，你可以走得更远，将更多的美景尽收眼底，因为我筛掉了那些乏味的地方。你将路过一座座玲珑的小屋和村落，在那里你便可以逍遥地吃饱睡好。在你持久的道路上，尽量不要污染环境。同样，你也要尽量避免外界环境对你的伤害：某些道路沿途可能长有荆棘、藤蔓和荨麻。我曾在澳大利亚和当地热衷于户外运动的组织一起徒步，结果那些可怕的植被使我的腿伤痕累累。剑状的叶草、针状的灌木丛，以及危险的哈克木属植物真是臭名昭著！所以我们选择的行走路线应遵循如下原则：在翻越高山时尽量选择最容易的路走，或者尝试去走那些连接村庄且汽车无法行驶的道路。一般来说，行人小径不会直接从 A 地通向 B 地，它们是人类留下的探索痕迹。开拓这些小径的也许是商人的骡子，也可能是过往的工人，或者由朝圣者那充满灵魂的鞋底所造。有的路比小径稍宽敞些，很久以前，由于人们遵循夏季放牧、冬季返回定居点的规律，常年下来便走出了这样的车马道。也有另外的历史原因，它们是当时的罗马军团为了捍卫庞杂广阔的省份而修建的军路。和别人同道而行，倾听自己阵阵的脚步声，这般旅程就有了一种额外的维度。置身于曲径通幽的自然中，欣赏蜿蜒道路尽头的山脊，浓浓的乡愁油然而生。我享受着如梦如幻的美景，向着心中的目标迈步。出于上述缘由，这本书并不以偏远探险式的行走路线为主。

闲暇的人们越来越喜欢把徒步作为一种消遣。在澳大利亚徒步旅行被称为"bushwalk"，澳大利亚人沿着没有灌木丛的海滩行走，甚至穿越沙漠戈壁。在新西兰徒步被称为"tramp"，南非的叫法是"trail"。在美国徒步被叫作"hike"或"backpack"（而在其他地方这种徒步方式费用很低）。在英国徒步常被唤作"ramble"，近来英国人更喜欢"hillwalk"这个称号。精力高涨、四肢长而有力的意大利徒步者将徒步称为"quattro passi"。法国人拥有真正的高卢风格，把走路看作一种艺术的形式，并对此展开论述：他们把短途漫步称为"balade"，把巡回旅行称为"tour"，又把艰难的长途步行叫作"grande randonnée"，甚至将没有特定的目的地，以探索的心态行走的漫步安上了"flânerie"一词。根据历史学家西蒙·沙玛的调查，法国于1835年发明了设有路标的休闲步道。当时，克洛德-弗朗索瓦·德内库尔在枫丹白露森林里把蓝色的油漆涂到树干上以标明10公里的步行路程。随后他继续标记了其他四条路线，并根据自己的兴趣地点标识做出一个简易的指南。他的举动让徒步旅行顿时流行起来。之后的20年里，枫丹白露森林150公里的小路都有标记，成千上万的市民都在这里度过周末时光。幸运的是，现在法国纵横交错的道路已被人们标注了长度总计18万公里的路程，所以我们才不会在枫丹白露像无头苍蝇一样到处乱撞。当然，如今开辟步行小径的举动已在世界各地遍地开花。

我并不是唯一和大家分享步行乐趣的人，现在市面上有很多诸如此类简洁而优秀的作品，我们所体验的长途跋涉的乐趣已经融进了人们家常便饭似的闲谈中。就我个人而言，我会耐心地讲述自己所经历的趣闻轶事，所以这本书里将会倾注我所有的故事，它也迫使我去寻找更为新鲜的生活体验。也许资深的读者会质疑我是否有资格完成手头的这项任务，我的答案是：我和爱好地图的伙伴约翰已经并肩走过了欧洲和英国的绝大多数地方，曾在新西兰和澳大利亚也徒步过相当长的路程——我为此信心百倍，认为这就是一个好的开端。我还要强调一个核心问题：走路并不是一门科学，因为科学需要多年的研究，或者付出大半生的时间进行技术学习。就像爱默生所认为的那样，走路的限制条件不多，它只需要你穿上一双旧靴子，背着包，在蜿蜒的道路中迈开步子。

目　录

1. 为何远行

显然，一些旁观者认为长途跋涉的原因并不全都"只是为了乐趣"，就连美国徒步旅行者查尔斯·科诺帕也常常有这种质疑。徒步者采摘一朵小花，插在身后的背包上，闲庭信步、优哉游哉。时时会有路人问他们在做什么，他们完全可以说自己正在采集植物。"植物收藏家"在真切的自然群落中跌跌撞撞地探路，后来又被历练成了植物学专家。科诺帕也是出于这个原因，告诉那些充满疑惑的人，徒步旅行可以满足自己的好奇心。

古老的足迹

对于人们的发问，归根结底总结起来应该是：为何远行？

为什么要离家行走？远古时代，人类没有固定的住处——猎人四处寻找季节性的狩猎场所，牧民漫山寻找新鲜肥沃的草地，人类学会种植庄稼之后，才逐渐开始定居下来。群体中的大多数人选择留在原地居住，并从此对那些不断游历的人疑问重重，比如吉卜赛人。但尽管如此，他们仍时不时地离开安如磐石的栖息地。其中一些人为了寻找材料和金属勇于冒险，他们给族人带回平日罕见的物资，丰富了族人的生活；另一些人则着手贸易旅程，从中获取了更大的利益。有时，路上的野蛮人洗劫了他们的货物，可有时他们却又扮演着野蛮人的角色，迁入并占领更发达的居住区域。

随着人类组织和国家不断发展壮大，政府开始征收税费。为了实现其职能，政府之间互传商贸信息，并派出使节驻外办理事务。要是商人没有妥善做好本职工作，国家难免会派出军队解决此事。奸诈狡猾的走私分子偷越边境，海关部门不得不加大巡查远程海岸的力度，以打击不法分子的嚣张行为。追溯昔日，每逢人们获得充足的商品，神谕者便在圣坛展开敬拜活动。如果本族的亲人远嫁他乡，族人必须出席参加敬神。病人也可借此良机祈祷自己的疾病得到治愈，其中有钱的病人便开始了一场恢复健康之旅——他们接受大自然的护养，呼吸海岸或山间清新的空气。如果这趟治疗之行无济于事，他们就可能要沿着墓地的道路旅行，示意自己死后将自己埋葬于这片圣洁的土地下。然而，大部分纵横交错的乡村小路都出现于工业革命之前。直到近年来，旅行似乎才变成"步履维艰"、"危险重重"之事，人们为此付出的忍耐往往要大于享受。一般而言，旅行者都会有明确的目的地。像这样以自身为动机的旅行者都会在出发前寻找特定的知识或习俗，而古代的出行者很少把重点放在自然环境上，他们以本身利益为主，比如考虑地形是否难走。

当然也有一些人并不是为了赎罪或发大财而加入十字军东征或者去圣地朝圣的。前往圣地或坎特伯雷的路相对来说比较安全，也是离开拥挤得让人窒息的居住地，外出观光的不错选择。不过没有人承认这一点：人们由于自身缘故而旅行时，必须了解社会其他的状况。弗朗西斯·培根爵士曾在1625年写过一篇关于旅行的文章，其中他罗列出足足有半页需要"观察的东西"，包括国王的庭院、城市的墙体和要塞以及军火库，等等。培根甚至认为"像这样的游行"是"政府的执行结果"，不容忽视。然而，培根列出最符合自然的是"国家园林、趣事及伟大的城市"。其中没有雄伟的瀑布，也没有高耸、令人惊叹的山脉，而是一座座花园，这说明：自然被文明化了，也被人类驯服了。

自然的觉醒

18 世纪后期浮现出一种新的浪漫基调，人类这时才开始关注田园生活。这种浪漫主义以原野的天性为切入点，认为野性的自然世界可以反映并表达他们的情感。这时人们开始尝试徒步旅行（而不是骑马或乘坐马车），从中收获新鲜的刺激感。诗人威廉·华兹华斯的旧友托马斯·德·昆西认为，走路对于华兹华斯而言绝对是一种劳累，"活在红酒、烈酒或其他任何能给人带来刺激的物质中，他喜不自胜，他的诗因此才精彩纷呈，令人拍手叫好"。说这话的昆西是个对鸦片酊有瘾的人。对于这些浪漫主义的诗人来说，走路不仅仅为了观赏风景，他们漫步的重要动机在于唤醒自己潜在的创造力。散文家威廉·黑兹利特甚至认为这种形式的走路将对诗歌风格产生影响：

柯尔律治的创作手法更周到、生动且日新月异，华兹华斯的诗也愈来愈温和、经久且发人深省。前者的作品饱含戏剧性，而后者的更为抒情。柯尔律治告诉我，他喜欢走在凹凸起伏的路面上，喜欢穿过蔓延分支的灌木林；然而华兹华斯总是在诗中写道：走在笔直的沙石路上……

写诗的人在徒步旅行中寻到灵感，而 19 世纪的小山头也到处留有散文家的足迹。托马斯·德·昆西称自己是热忱的步行者，自他 16 岁还是学生时便逃课，成为一名"徒步者"。他整整跋涉了两个礼拜，为了节省开支，他留宿便宜的小旅馆，过着"背包客"式的生活。黑兹利特则更喜欢"短途"旅行，尝试过为期数日的步行生活。哲学家们也喜欢走路，环境的改变和身体的运动有利于他们对事物的思索。海德堡是德国浪漫主义兴盛之地，这里有一座可爱的小镇，哲学家们常在它曲折而陡峭的山谷中行走。登山活动基本上是沿着垂直路线攀爬，登山者大都是年轻且精力充沛的教士、哲人和艺术家，他们来到此地，探索阿尔卑斯山的精神，寻找自然之美。徒步不仅在西方流行，东方日本最高的富士山也颇受人们的喜爱。据说早在 7 世纪就有一个叫役小角的僧人登上了富士山。京都的哲人为了丰富自己的头脑，也相继前往富士山徒步，他们在运河旁樱花树的庇荫处完成了自己宁静而决然的启蒙。

身体与灵魂

无论你怀揣什么样的与众不同的抱负，运动无疑会激发一种良好的精神状态。比如说，我的旅伴在为某件事感到困惑时，不可能老是站在一个地方，而一旁的我总是看得头晕目眩。他这种不自觉的行为在历史上有一个出名的例子：亚里士多德发现，来回踱步可以有助于自己在哲学上的论辩，他在古雅典创办的学校也因此得名为"踱步学校"。法国哲学家卢梭曾经声称："我只有在行走的时候才能沉思。当我停下来，我不得不中断思考；我的大脑只能跟随腿的走动而运转。"卢梭将户外定为自己的思索场所，在那里他可以让大自然作用于思考的结果。也许，你的生活并不需要革新式的哲学进化，但是走路一定会帮你处理好自己的问题。在路上，你有充足的时间反省，可以解决问题，或将之放入情境中再度审思，或完全抛至脑后。长时间行走也是应付抑郁症行之有效的办法，甚至有助于缓解妇女绝经后的消极情绪。这或许和人身体内部简单的化学反应有关，但我也不否定在健身房锻炼的效果。作曲家费利克斯·门德尔松用一生的精力创作了轻盈而愉快的音乐，但当 1847 年他的姐姐范妮去世后，情绪一度陷入谷底。为了缓解自己的悲伤，他前往瑞士伯尔尼的阿尔卑斯山旅行，期间他完成山川和冰谷的水彩画，用色彩诉说着自己的心情，"他不停地走啊走……他说这是他唯一能够平静自己的方式"。途中他创作了令人无法忘怀的《F 调弦乐四重奏》。由此可见，走路对我们来说的确是有益处的——如果可怜的费利克斯没有依靠徒步改变心情，他因麻痹性中风死亡的日子将会提前。

　　在那些虔诚的宗教朝圣者心中，往往有一个神圣的目的地，但他们只有通过长期的徒步跋涉才能净化自己的心灵。我从未搞清楚为什么寂静能够对沉思的人们有如此大的吸引力。在山洞里打坐沉思究竟意味着什么？对于我来说，我把这种方式转变成沿着精神的道路前进，而走路的具体要求不必相同，只要每一个人向着健康迈步就行。赖因霍尔德·梅斯纳是当地著名的登山者，他说长途旅行是最能有效避免精神失明的方式。它为团队活动提供了思考的可能性和必要性。从来没有比长途跋涉更容易实现的事情了。西格蒙德·弗洛伊德是精神分析学之父，他被山间的美景所吸引，因此痴迷于徒步。假期里，他制定了前往达赫施泰因、蒂罗尔和塔特拉山的徒步登山路线，在那些地方重塑自己的精神健康，完善世界观和人生的哲学。

　　诚然，远途行走的另一个目的就是强壮身体，但对于很多人来说这仅仅是额外的好处。（出生于法国的作家伊莱尔·贝洛克在远程徒步之后声称"以锻炼为意旨的走路是令人憎恶的"，他认为这种做法扭曲了人类的灵魂。）尽管如此，人们还是乐此不疲地从事这种对自己有好处的活动。首先，乡下清新的空气有益于净化我们的肺。当我们增强腿、臀部与胃的活动

时，不仅有助于防止高血压、心脏病、骨质疏松、糖尿病，还
能预防肠癌的发生。近期甚至有研究表明，50 岁以上的人可以
通过走路来缓解记忆力减退。

走路是一种活动，它不会使人的身体感到负荷累累，任何
年龄段的人都可以进行这种运动；我们曾在路上遇到过比我们
大几十岁的人，他们仍可以赶上我们的步伐。但是，徒步却不
能像其他竞技运动一样具有可比赛性。远程徒步无疑是对个人
的挑战，也是对身体和心理承受能力的考验。而这对女性徒步
者来说不成问题，虽然她们在有氧运动方面欠佳，但是耐力很
强：通常总是约翰带头攀爬陡峭的山坡，但后半天总是落在后
面。（在随行笔记里，约翰希望我告诉大家，他比我大五岁，
而且做过修复心脏瓣膜的手术。这都是借口啊！）

长时间的行走让身体每一天都处在轻松而愉快的节奏里。
走路还应注意效率，你不仅要求自己走过难走的地形，还要让
注意力更完全地集中在周围的景象和声音上。当你经历了为期
数天的徒步后，你的调子和自然世界会充分地融合起来，并在
接下来的日子里你会逐渐了解所处的环境。在一段长距离的路
上，你便能慢慢觉察到沿途的风景和环境原来是如此地融洽。

虽说教育界往往更强调自然历史而非培根式的社会研究，
但走路和其他的旅行方式同样具有教育意义。这种教育意义并

不只意味着在行路中获取一些愉悦感。当你走路的时候，历史变得触手可及，脚下的路不光证实了人类简单的入侵路径，也是人类成就的写照。种种迹象表明，我们的先人曾为此欢呼雀跃，近代的前辈也尾随其后，尤其是那些已经写过徒步游记的人。苏格兰作家罗伯特·路易斯·史蒂文森在 1878 年著有《驴背旅行：塞文山脉》（*Travels with a Donkey in the Cévennes*），其中记叙了自己前往法国中央高原徒步旅行的故事，它给这片人们几乎遗忘的地域带来了转机。越来越多的澳大利亚青年前往巴布亚新几内亚的科科达小径徒步，因为早在第二次世界大战期间，澳大利亚士兵就是沿着这条路击退了入侵的日本军团。有时候，远程徒步更是一种适合于个人的旅行。最近，我们翻越了瑞士的阿尔卑斯山，惊叹地注视着远处高耸的山顶，而我的父母亲大概在 60 年前曾到过那里。

你所走过的任何路都可能被探索或画在地图上，但你仍会因小小的发现而暗自窃喜。也许，你浏览过关于某个地区的插图书，看过戴维·阿滕伯勒最近的野生动物纪录片，但这种在特定的时间、光线和天气条件下所捕捉到的动物瞬间并不完全和你徒步其中的风景相符。这些感受务必是纯天然的造化。你可以走入汽车无法到达的地方，那里的植物繁盛得几乎肆意缭乱，而动物也许会因为你的到来而惊讶万分。接下来，你将知道如何在不同的环境中小心行走，我们可以把它视为这种健康旅行的收获。沿途的当地人对你轻盈的步子投来赞赏的眼光：作为访客，步行者远远没有汽车显得突兀。当你踏入世界的另一个角落，你所做的努力已尽收他人眼底，你的付出能让自己显示出旅行者更为光彩的一面。在路上，和同队人分享着旅途中的艰辛，这是一件多么幸福的事情，所以你将在途中收获牢固可靠的深厚友情。罗伯特·路易斯·史蒂文森称同行的驴友为"兄弟"，他不仅"向往美丽如画的风景，还喜欢清晨里充满希望的整装待发，以及夜间宁静而充足的休憩"。旅行的日子可谓是苦中作乐，每一天结束的时候都精疲力竭，正如史蒂文森所说：

　　如果傍晚的天气是美好而温暖的，我会靠着旅店的大门，享受晚霞的洗礼，或者倚着小桥的护栏，观看水边的草丛和水里游动的鱼儿，我认为这是人生中最美妙的时刻。这种快乐源于你对生活大胆的体验。你的肌肉是如此地放松，身体感到如此地干净、如此地强壮、如此地慵懒，不管是行走还是静坐，不管你做什么都会有一种王道的乐趣。

　　只有在你完完全全体验了一天的行走之后，你才会有这种吃饱喝足的满足感。

　　长距离的步行能够增加你的成就感。如果你的终点意义非凡，你更会以一种复杂的心情收获胜利的果实。虽说这是一件值得庆幸的事情，但旅行的结束仍令人产生些许遗憾，意犹未尽。即便是短途步行，摆脱了文明的束缚，在自然的世界里体验并实现自我认同（或者在更荒野的地方，你的缺位），这也会产生深刻的影响。正如哲学家阿兰·德·博顿提醒我们的那样，我们在大自然中的经历是日后可持续的资源，脑海中的影像历历在目，依稀可辨，它们将长期滋养我们的灵魂。在咄咄逼人的市场营销领域里，不断的消费和其他社会压力共同组成了城市的新生活，我们的灵魂必定会被很多事情所扰乱。而当你完成整个步行任务后，徒步的阅历和感受会在你的记忆中永存，这好比一块被河水冲刷过的石头，你把它放在口袋中，不时地把玩。

　　其实徒步旅行者有很多动机，史蒂文森为我们揭示了苏格兰苦行人的心态：

　　　　对于我个人来说，我旅行不是为了去某地，而是为了享受其中的过程。我为了旅行而旅行。其中最伟大的事情就是走动，去体验生活中迫切需求的物质，摆脱轻浮的文明，从脚下的岩石和零星的燧石中发现真谛。

我出生于苏格兰，我选择用崎岖的道路磨炼人生。这就是我无法抗拒的步行，它简单甚至纯粹。对于你来说，一些问题是迫在眉睫的：去哪里收集水？该走哪条路？你可以跟随自己的心去走——因为你是自由的。

个人声明

徒步旅行的费用比较低廉，从某种程度来说，它促使我选择了这种旅行方式：毕竟我出生在阿伯丁。我的父母都痴迷于登山运动，他们在苏格兰凯恩戈姆山相遇，那个地方没有任何浪漫情调，但却十分适合这对无声的伙伴。后来，他们放弃了登山，开始养育孩子，带着我们到处徒步。我的家曾迁往澳大利亚，每个假期我们都会乐此不疲地探索不同的国家公园，大多时候我们是步行。我是家里最小的孩子，不用说，我常常在路上耍一些小伎俩。我的红色背包里东西不太多。因为知道妈妈有储物癖，我常怀疑屋里高高的橱柜后藏着很多东西。

相反，我的同伴约翰则有一个完全不同的童年。他的家庭成员以男性为主，因而世界摔跤锦标赛成为了他们的周末消遣。在他年少时，似乎只通过这些活动进行体力消耗：他总是在学校下午的体育课上躲进厕所里吸烟，下课后又偷偷溜进酒吧。他和我因走路而相识，我们都对走路燃起了浓厚的兴趣，然后不断地消耗这股火焰。他的父母和兄弟都无法理解他为何对走路有这样大的热情——直到今天，他的家人仍怀疑是我将他引入歧途。

最近，我收到父母送给我俩的一本关于海外出游的旅行日记。约翰想去希腊群岛（他仍然处在激情似火的阶段，认为假日应该在海滩上度过），但我劝他去看看我的出生国。我刻苦研读了书中的每一页，其中包括"寄明信片"和"购买礼品"部分。我们本来要在伦敦的塔维斯托克酒店登记入住的（但我注意到在早餐时间，有两个服务生发生了拳脚纷争），于是我们很快离开那个地方，找到一家小一点的旅馆（叙德林·圣尼古拉斯村的灰狗客栈，但我在浴室中发现了一只死老鼠）。后来，我们采纳旅行杂志的建议步行，想边走边看耸立在多塞特镇山坡上的塞尔纳亚巴斯巨人①。这本旅行日记剩下的内容都

---

①　塞尔纳亚巴斯巨人是在山坡上用石笔绘制的一个扛着大棒的裸体男性，它是20世纪被游览次数最多的风景区。塞尔纳亚巴斯巨人身长180尺，而其阳具足足有26尺。它因散发出的刚毅、贯穿力、繁殖力和本身的生命力而受到膜拜。本书脚注均为译者所做，此后不再一一说明。

在讲述作者的城市游览体验，很少有乡村徒步经历。

在接下来的大行程中，我们把行李留在了火车站，然后进行为期数天的徒步。旅行结束后，我前往参观法兰克福的热销书展。随后我们又开始了一次为期十天的"独立"徒步，我们自己背行李，自己解决膳宿。我想知道十天是长还是短，但在第三天我们都迷恋上了走路，以至于到了第11天我们仍想继续走。我们很快意识到，背包行的花费成本很低，于是在接下来的一个书展过后，我们在小册子上选择了一个好去处，我们就这样出发了。不知不觉中，走路成为我们的收入来源——尽管这是我们增加徒步活动的借口，我们几乎所有的假期都被这种活动所占据。我们的身份是"旅行作家"，这与植物收藏家或脚印追踪者大相径庭。

你不妨为自己辩解，让那些非徒步者感到满意，但这不是最基本的。现在愈来愈多的人理智地选择了走路，他们仅仅是为了感受步行的乐趣。当然，只有那些长期挑战自己的徒步者才能完全明白下一次旅行的诱惑。

如果你准备开始一场这样的旅行，不要再犹豫了。这本书不管你读得怎样，在你认为必要的时候上路吧。

2. 如何取舍

徒步过程中，你应根据自身条件、身体素质作选择，这很大程度上都是平心而论的，所以那些投身于背包露营的人们可以因自己择取了种种优越的方法而沾沾自喜。换言之，倘若你能把自己从一种模式灵活地切换到另一种模式，那你就可以为自己安排一次你所向往的旅行。

自给自足的宿营

罗伯特·路易斯·史蒂文森在儿时便病魔缠身，医生曾警告他，如果再不注意身体，他极有可能英年早逝。尽管如此，他仍然十分钟爱野外宿营：

赐给我所热爱的生活，

让我如沐春风，

赐予我快乐的天堂，

小道为我铺设。

躺在灌木丛里仰望星河，

我咀嚼着蘸了河水的面包——

这就是我的生活，

这就是永恒的人生。

（选自《流浪汉》（*The Vagabond*））

在他眼里，浪漫的终点是唯美的：走累了，就停下来小憩，背包里装着一些简单的干粮，睡在星光之下，欣赏天空中那些零星而漂亮的点缀。但在现实世界里，你必须谨慎地选择露营地，吃一顿妥善的路餐，睡在有庇护的地方，以免遭受雨水、霜冻或昆虫的困扰，你的背包里还应装满所有的必需品以维持生存。尽管如此，沿路宿营还是会让徒步者感受到无与伦比的乐趣，体验从未有过的自由。

路上你必须配备齐全的装备，好在这些年人们简化了背包里的设备。如果考虑旅途的开销，毋庸置疑，走路肯定是最便宜的旅行方式。自给自足的徒步适合偏远的地区，远离人类嘈杂的居住地。我们的生命离不开水，因此要带足够的水，而我们携带的食物最好不要超过五天的量。如果你无法补充食品，你就只能通过合理安排所剩余的食物，并酌情减少摄食量来解决饥饿问题。应该注意的是，很多地方政府明文禁止游客在某些地段或场所宿营。在国家公园里，野外露营也是不允许的，因为这会在一定程度上破坏脆弱的环境。所以在你搭帐篷前，务必查一查当地的相关规定。虽然我无法抗拒野外的诱惑，一次又一次地露天扎营，可从道理上来说我是理智的，并不是每次都是天性使之。因为夜晚是漫长的，身体和大地近距离接触，有时候残酷的寒冷折磨着我，冻得我瑟瑟发抖。要是我的行程途经偏远地区，我定会携带并搭建帐篷。我积极地灵活变通，可帐篷、睡袋、防潮垫和炊具等并非总是每次行程的必需品，而且额外的负担会消磨我徒步的兴致，所以我会酌情选择。约翰总暗示我，我是他在自食其力的丛林生活中所遇到的唯一障碍，但是他还是能和我一样偶尔享受到偷闲的乐趣。

入住的小屋

我喜欢背着轻巧的背包，迈着轻盈的步伐前进，这样我们才能及时到达下一个居住点解决食宿问题。在长途跋涉期间，我们通常自己背负行李，一般人能承受的背包总重在 12 千克以内。当我们在新西兰行走时，我们往包里增加了食物、燃料和炊具，我们在欧洲漫步途中的装备亦是如此。但由于我们常常外出，体力俱佳，我们照样可以抵达每天预定的终点，享受温暖的床铺和丰盛的食物。可供留宿的地方大都是村落间的旅馆，也可能是庇护所或农舍。我们在欧洲的山脉中穿行时，晚上通常会寻找山间的庇护所或位于溪谷上方的村庄入住，饱食一顿后好好休息一晚，以便第二天走更远的距离。在开始寻找屋舍和村落前，确实需要另外制订计划：因为有的地方人烟稀少，想在隐蔽处找到合适的住处是很难的。这种行走方式也在一定程度上约束了我们的徒步目标，但我们永远都会按计划行事。

徒步小贴士

自给自足式的户外活动严峻地考验着我们的能力，我们应在一定程度上学会取舍。

运送行李

你可以选择只背负白天必要的物资，其他东西都由别人帮你送达晚上的目的地。你也许有愿意为你效劳的朋友，这些不和你们同行的人每个晚上与你们汇合，为你们运送必需品或多余的行李。在英国一些漫长的行人路上，某些旅馆会为你提供这项服务，负责把行李袋运送到下一个你准备过夜的地方。当我陪年过八旬的老父亲在里奇韦行走时，突然觉得这项服务真是雪中送炭。我们往往根据对方的服务相应地决定第二天徒步的距离，接着我们让房主在预定好的酒吧或 B&B 旅店①接收我们的行李。

去过英国的徒步者普遍认为，苏格兰西部的高地和英格兰沿海线路比较受欢迎。有专人在整个行程中为你运送行李，并帮你预订房间。他们有内容详细的网站，上面有每一个房间或床铺的价格，并列出相应的行走距离。他们的收费往往非常合理，但是一旦作出决定，你的行程就被限制住了，缺乏一定的灵活性。通过观察，我发现这些服务确实能刺激徒步者带上额外的行李物品。我曾经遇到过一个带着六双鞋的女子，因为她无法断定哪一双鞋最合脚。看着她脚上磨出的水泡，我认为六双鞋都不适合。

自由的背包客

如果你想当一个自在而没有任何束缚的背包客，还有其他

①　即经济型酒店，一般只向消费者提供床和早餐。它主要依靠这种服务功能的精简，做到价格上的相对低廉。但与此同时，经济型酒店的"便利性"也体现为交通、手续办理等方面的快捷，以及一些消费者必需的服务项目的设置周到。

办法帮助你完成旅行。这种额外的帮助是别人详细的徒步日记和地图，它也许鲜为人知，主要提供半食宿（即早餐和晚餐）和行李运送，还可能提供以人为服务主体的业务，如同城运输和徒步行程运输。我们曾经在德国黑森林一家商业性质的旅游局定下了行李运送业务，同时被告知有一条鲜为人知的环形路线，沿途有一些五花八门的旅馆或乡间客栈。要不是定了那项业务，我们就不会发现还有这样一条路。许多商家在不同的国家提供了类似的行李寄送站点，欧洲尤其盛行，我在本书的最后为你列出了这些商家名录。

可以根据自己的出发日期来确定何时寄送行李（在具体的徒步时间里），只有这样，行李才会在队伍到达下一个目标时送到。如果你在同一家膳宿并订下这项业务，其费用就会比其他旅馆低，因为后者将会为你处理更多繁琐的事务。

驮畜

汉尼拔·巴卡[①]曾在公元前 219 年翻越阿尔卑斯山环勃朗峰时，用大象驮运沉重的行李。也许现代人看来，当时只是用

---

① 北非古国迦太基著名的军事家，生逢古罗马共和国势力崛起之时。现今仍为许多军事学家所研究的重要军事战略家之一。

大象作秀罢了。毕竟，有很多其他的动物步履稳健、性情温驯，适合用来驮负物品。倘若你打算野营，并希望为漫长的徒步准备好充足的食物，驮畜是唯一必要的工具。罗伯特·路易斯·史蒂文森曾经在翻越法国的塞文山脉时，不得不让一头名叫默德斯坦的驴子帮他们驮负那些繁多而沉重的装备（其中还包括一个搅蛋器）。你肯定很乐意听我讲述这个故事，同样你也可以用驴子当驮负工具。然而史蒂文森却观察到，驴子（或骡子）可能不情愿做这些事，所以你应该寻求专职人士来驱赶它们。在较贫穷的国家，牛马这些牲畜是当地人宝贵的财富。这时你就必须雇用赶骡人，同时你还应为赶骡人提供食物和帐篷，也许还要另外支付他们返程的费用。事情是不是变得好麻烦？

美洲驼是外观最好看的驮畜，但它们的负重力还不及驴子，而且经常喷吐唾沫。这就是我对骆驼的看法，但我对牦牛不太了解。

导游和挑夫

在秘鲁的印加古道、婆罗洲岛的基纳巴卢，或者在乞力马扎罗山的上坡路段徒步时，你别无选择，只能寻求当地导游或挑夫的帮助。在高海拔地区，你的体力将不堪应对，所以需要寻求向导的援助。你可以在附近的中心地区寻找这种服务，比如喜马拉雅的加德满都或秘鲁的库斯科，那里都有相应的旅游机构。当你雇用了导游后，他们通常担负搬运工的责任，并为你指定路线、翻译当地的语言，但你应提前和他们谈好长途步行的所有细节问题。不要以为他们会为你解说沿途的风景和文化，除非你路上问诸如此类的问题。

全套服务

如果你是一名徒步新手，想和别人结伴而行，或者希望去一些地形较为复杂的地方，这时你可以考虑向徒步运营商咨询相关信息。现在市场上涌现出愈来愈多的公司，专为徒步者提供指导或远途徒步"护送"服务。在进行选择前，你应该听听朋友的建议，看看你所选择的服务是否真正奏效，或者在一些旅游作家撰写的专题文章里找找类似的信息点。当一家公司为你提供好几个国家的步行路线时，应该查看是谁营运你所感兴趣的路线，有时候那些路线是由当地的连锁公司经营的。不过这也可能产生这样的后果：我有一个健谈但只会一种语言的朋友，发现自己是法国徒步行中唯一一位不会说法语的，而她是在英国一家旅游公司预定了那次行程。有些国家规定，只有经过注册的公司才具资格为旅者安排徒步路线，但是提前了解那些公司是有裨益的。

一名专业的导游可以在一定程度上为你解决户外困难，但这并不意味着你可以不做自己应该做的事。你应该密切关注徒步旅行的难度等级，不要盲目与旅游公司签订超越自己体能或耐力的合同。一些徒步运营商需要查看你的医疗诊断书，但除此之外，你仍应该去选择一种适合自身的户外活动。弄清楚自己每天所能承受的徒步距离，并确保自己能够长期且持续性地行走。倘若你喜欢全天的步行，特别是在短暂假期里的徒步，你应该小心翼翼地审查行程表，切忌在某个环节耗时太长。每一家公司在行程安排上都有一定的强制性，在你细读它们的插图手册时，你便深有体会。有些公司只是简单地列出几条半天的徒步路线，而其他公司提供的则是关于某国或某地因循守旧的旅行指南。如果你不喜欢听命于人，就最好别参加有组织的徒步旅游团——记住，作为集体中的一员，你应以集体的利益为主，不能太自我。正如几个世纪前政治家埃德蒙·伯克所述："社会好比是一份合约。"你也许正想去考察一下社会是多么庞大。

若是决定跟着导游徒步，你将受益匪浅，尤其是在欠发达的国家。导游能解决你语言方面的困难，也能帮你跟政府机构打交道以及处理后勤等事务。通常，我们可以选择用车辆、搬运工或驮畜运送行李，他们往往比你先到达，设立营地并准备饭菜。这样，即便我们没有露营的本领，也能充分享受一番，但我们仍可能面临野营的一些基本挑战：我们接着地气而睡，天气有时候像一个喜怒无常的孩子，而帐篷给我们提供的有限防护却无法抵制恶劣天气的袭击。

徒步不仅让我们受益良多，同时也为当地百姓提供了一定的就业机会，促进地区的经济发展。每个人都不喜欢突发事件来干扰或限制自己的行程，比如途中无法补给食物或燃料，因此精心计划行程是很有必要的。徒步者通常携带一些罐头或干粮，他们跋涉到村落里，享受热情的当地人为他们准备的新鲜菜肴或风俗盛宴。徒步旅行不应缺少燃料，当没有柴火烹饪食物时，燃料就派上用场了。

这种计划性的方法不仅开辟了去世界各地旅行的可能性，还拓宽了你徒步生活的层面。日复一日，年复一年，我父母的冒险经历变得越加离奇：他们在 60 岁加入了攀爬喜马拉雅山的徒步团体，70 岁时穿越了巴塔哥尼亚和婆罗洲。我希望步入他们的后尘，和他们一样勇于挑战强大的自然。

找到你的舒适度

接着，就是该作出选择的时候了。到目前为止，只有那些真正敢于在第一次徒步中冒险的人才能有所收获。在"乏味"的步行区，你可以不依靠外界因素独立生存，自行安排行李的运送或加入护送式的徒步。在更偏远或更荒野的地方，你只能自力更生，自己确定前进的方向，为了目标而坚持。当然，你也可以完全听从徒步机构的指挥。你能承受的最大预算是多少，而你的预算在很大程度上决定了你可以去哪里。

你可以在北美或澳大利亚那蜿蜒起伏的小径上尝试"不施而惠，而物自足"的生存挑战，全凭自己的力量寻找住处和食物。有些人喜欢野外徒步，但不喜欢露营在外，他们看上去活像背着壳的牡蛎。欧洲的山水锦绣如画，前来观光的人络绎不绝，那里的旅店或客栈遍地皆是，有些房主甚至会热忱地为你烹饪佳肴，让你在疲劳的旅行中酒足饭饱。很多简易的膳宿点也会沿着世界著名的徒步路径而设，所以你最好出发前就决定住哪里。另外需考虑天气的变化，特别是温度，务必保证自己的身体感觉舒适。也许你喜欢海滩飙升的温度，但这样的温度并不适合徒步登山。我因出生在苏格兰，身体能够在酷热的环境下进行自我调节，起到恒温器的作用，因此我很耐热，很少大汗淋漓。相反，如果我感到特别热的话，血液会变为橙色，我就会特别难受，仿佛大脑沸腾了一般。另一方面，我可以出奇地忍受低温，我在运动中保持体温，停下脚步后才感到寒气逼人。对于我自身来说，让我感到舒适的温度是零下5度到零上20度。我和大多数人一样喜欢干热，讨厌潮气。这使得我对亚热带地区的徒步丝毫没有兴趣。如果你喜欢在暖湿的环境中徒步，你的选择目标将会更广泛些，至少它们是不同的。

海拔对于某些人来说是一个极大的挑战，不幸的是，我们无法根据自身年龄或健康状况进行预测。另一个变量也会影响一些害怕暴晒的徒步者。假如你感到眩晕，最好停在海边悬崖处让自己清醒，或沿着意大利多洛米蒂山脉的高壁架小跑。如果你和许多城市居民一样，没有对冒险活动产生特别抵触的情绪，那就应该鼓起勇气去尝试一下这动人心魄的感觉。但我不主张有勇无谋而盲目地作决定，有些人不幸丧命，在很大程度上是因为他们完全不根据自身情况定夺风险。但是如果你能积极地挑战自我，我相信你必定会拥有一段刻骨铭心的回忆。

最重要的是，你应该量身考虑自己身体所能承受的极限：你能承受多高的海拔和多深的低谷？倘若你希望在平缓的路上行走，可以考虑坡度相对和缓的路径：沟渠牵道和或被专门划定为人行径或骑行径的铁路沿线。然而丘陵和乡村的山路是徒步唯一的障碍，你不能操之过急：人行路径一般要么坐落于山峰之间，要么坐落于山谷的底线和侧面。安全是重中之重，然后你才能合理利用有效的援助。

3. 寻找你的步幅

"在这条笔直的线路上一步一步走着，脚印仿佛昭示着一层一层的进展……我确保臀部、膝盖、脚踝和脚趾的相互配合，让它们尽可能变得协调，这样，脚趾经过每一次施力，才能顺畅地把身体推向前方。" 1967 年伊迪萨·赫恩在《和脊椎一样年轻》（*You Are as Young as Your Spine*）中这样写道。伊迪萨经过长期体验认为，弹性腰带能够保护女性的身体不受损伤。日常生活里，有很多事情促使我们去行走，比如在花园里漫步，去商店里买牛奶，或者因错过了公车而走回家。你大踏步地迈着脚，让四肢达到伸展状态，脚趾不但得到了有节奏的活动，肺部也贪婪地一张一缩，呼吸着春天里清新的空气。当你处于完全的摆动状态，所有的动作都是本能的，一切似乎达到了真正的平衡。

走路的技巧

远足和平日走路的不同之处在于，你是否背负行李。远足时，至少你会装几瓶水，或带着相机拍沿途的风光（我将在第8章详细说明）。而在行走的过程中，你只需要保持身体直立，自然地向前跨步。道理就是这么简单。下面，针对不同地形，我将为你提供详细的指导。

登山

一些人只是片面地把徒步当成走路，他们忽视了现实中跌宕起伏的地形，然而我们应该尽量避免远足时不愉快的心情。英语爱好者亚当·尼科克尔森写过一篇攀登高山的游记，他如此乐观地接受了现实：

> 当你攀爬时，身体和思想顿时有一种奇怪的感受。你翻越了一座又一座山谷，沿着别人的足迹前进。你不断地想要成功，这种感觉也许是你的心态所致。渐渐地，你的身心感到越来越纯净，不愿受到外界任何事物的干扰，这是一种至上的纯粹。

　　好吧，到了我阐述观点的时候了。你可能喜欢用锯齿辅助自己向山上牵引攀爬：它能帮你走得更远，但却足以让你精疲力竭。有的徒步者建议在攀登陡峭山峰的过程中采取"休息式的步子"：每次迈脚后休息一秒。我也一直使用这种技巧，可我还没有弄清楚其中的原理，所以我总是把它叫作"疲劳的步子"。倘若你所攀登的山面是松软的，你可以采取侧身攀爬。手握一对登山杖，向上牵引身体，这将在很大程度上减小腿部的施力，但是你臂膀的肌肉可能会吃不消。

　　若是在漫长的攀登过程中，学会运用不同的心理学方法，也会有所收效。约翰喜欢采用"狗爬式"攀登法，他常常四肢着地，向前匍匐，直到爬上山顶；而我则经常走走停停，借机欣赏周围的美景，把一切的力量囤积到接下来的攀爬中，这就是我所谓的"注意力分散法"。不管是哪种方式，你都要警惕"假峰"。如果你定下目标，千辛万苦地爬到高处后，却发现山那头又耸起一座顶峰，你将会非常泄气，好像身体的所有力气已耗尽，不知所措。不过别灰心，我可以保证：当你经历了两天的攀爬后，你便会发现接下来的日子稍轻松些，可下山一定会让你吃尽苦头。

下山

俗话说："上山容易下山难。"很多徒步者深有体会，大概因为他们已经厌倦了漫长且费力的爬山。下山则截然不同，虽说下山更省力，可容易失足，具有更大的危险性，因此腿部肌肉将承受更大的考验。倘若长时间处于下坡状态，你的大腿前侧肌肉和膝关节多多少少会受到一定的损伤。所以不妨尝试弯曲你的膝盖，使膝盖少受走路的震动。如果道路相对较宽广，也可以走之字形的路线。对于较松软的地表，应调整登山杖的长度，我将会在第 8 章里详细说明。

陡峭的路段

遇到某些路况，你不得不并用四肢攀爬——这种情形酷似攀岩，这样有助于减少恐惧感。而在山间则不必这样做，这种方法只适合沿海沟渠、河床或悬崖等特别艰难的路段。四肢着地时，试着寻找三个基准点，让自己稳定地接触地表，比如先用两只手和一只脚固定身体，再靠另一只脚完成移动。尽管上坡路更为陡峭，但总比下坡要容易得多，所以不要每次在欣喜若狂地爬到顶峰后，才发现自己身陷进退两难的局面。如果行李十分沉重，切忌跳跃式的下山。这样不但难以保持平衡，膝关节和脊椎也将受到更大的压迫，以致损伤。

碎石堆

看到这个词，你是不是有一种轻松而愉悦的感觉呢？碎石堆是由山坡松散的石块碎片堆积而成，通常位于山麓岩面或干河床上。我怀疑碎石堆①这个词是拟声词，靴子踩到石片上后发出这种"咯吱咯吱"的声音，因此得名。倘若你正在攀爬碎石路，每移动一步，就有很多石块滑到鞋子后方，那么这段路对你来说一定会枯燥无味、耗费体力。我建议侧着身爬坡，让重心全落在脚上，然后一步一步地向下踩踏。相反，当你面对一段通往山下的碎石路时，不要像"滑雪"似的在碎石里连走带跑。马克·吐温在下维苏威山时就曾这么做过——这会破坏山坡，而且十分危险。脚后跟应该稳扎进碎石堆中，尽量避免背部倾斜。手杖在这种地势中尤为重要。

巨砾与岩石

我们能在多山地带发现大石块或岩石，它们常被唤作碎石麓积。通常海拔较低的河床表层也布满了瓦砾般的碎石堆。结

---

① 原文是"scree"。

合这两种情况，千万不要以为这些石头和看上去一样是稳稳当当的，但也并不意味着你每一次迈步前都必须探测：如果有良好的平衡感，你完全可以采用跳岩的形式，这让你看起来好像跳动的舞者。尝试着跨出小小的一步，然后凭借冲力从一块岩石跳到另一块岩石。如果想转变方向，重心和双脚也应随着下一个目标而转移。假使行走的路线涉及岩石堆，在你开始跳动之前就需要明确前进的方向，因为在移动与跳跃的整个过程中，你全部的注意力都应放在脚上，根本无暇顾及眼前的方向。

沙地

我们常常羡慕摄影画册中海滩上至亲至爱的情侣，他们手拉着手，在漫长的海滩并肩散步。如果你因此认为海滩是一个最好的远足去处，你便错了，你一定是被照片里唯美的风景欺骗了：如果长时间行走在沙地里，你的双脚和小腿肌肉肯定会出奇地劳累。要是你依然决定在海滩上徒步，应选在海水退潮的湿地上行走。其实它和干沙碎石的路面一样，徒步者在这种路况跋涉，体力消耗大，而且枯燥无味。请注意，下坡时不要在沙丘上跑，以免对沙丘造成破坏，同时也应避免沙砾灌进鞋袜，否则你的脚可能会被磨出水泡。

泥土地

泥土地经过艳阳的烘烤或严寒的冰冻会变得僵硬无比，所以你应保护好踝关节，避免让那些车轮碾过的路面扭伤脚踝。浸满水的黏土非常湿滑，必须小心行走。而被耕过的土地又十分黏稠，它们可能大块大块地粘在靴子上，所以为了减少额外的负重，你需要不时地刮掉靴子上的泥土。里奇韦有大片的白色黏土路，它们覆盖了史前英格兰北韦塞克斯丘陵和奇尔特恩山的商贸路段：天知道那些尼安德特人①当时是怎样对付这些黏土的。

滑溜的岩石

有的岩石表面附满了青苔或泥浆，有的表面却过于光滑（比如石灰石或花岗岩通常有此特征），要是遇到多雨的天气，我们应更加谨慎地在这种最为湿滑的路况行走。河床里的岩石因水位的变化总是湿漉漉的，要是稍不小心便会扭伤脚踝。所以尽量选择平坦的落脚点，如果可能的话，抓住某个物体。如

---

① 简称尼人，常作为人类进化史中间阶段的代表性居群的通称，因发现于德国尼安德特河谷的人类化石而得名。他们是现代欧洲人祖先的近亲，20万年前开始统治整个欧洲和亚洲西部，但在2.8万年前这些古人类却消失了。

果没有十足的把握，最好不要在这些既滑溜又危险的岩石上行走，选择绕道而行。

木头

湿木头也非常湿滑，暗藏危险。我曾经就被木头滑倒过，那真是惨痛的教训。你应该提防脚下的树根和腐木，更不能忽视简单的木质台阶。在踩踏这些木质台阶之前，务必好好检查一下它是否已经腐烂。

沥青路

虽说沥青路不是最难走的路况，但如果长期行走其上，双脚可能就要饱受水泡之痛。所以在行走过程中，最好时不时地走路边较为松软的土地。英国历史学家、酷爱徒步旅行的G. M. 特里维廉曾写道，"走路离不开道路"，但是"25 英里①或者 30 英里的野地和山路、林地和田间小路总比 35 英里或 40英里的沥青公路要好得多"。特里维廉当时还不用担心机动车辆驶过。徒步者还得注意迎面而来的机动车辆，所以必要时应靠边行走。

---

① 1 英里＝1.61 公里。

雪地

你不需要特殊的设备便可以穿越松软的雪地。倘若你正在向上攀登，应该把脚尖往前蹬，扎进雪里；相反，下山时则需把脚跟扎进雪里。但在这两种情况下，你都必须使重心轮流落在两只脚上。如果雪面很硬，甚至结冰（比如早春时节，后期的降雪经融化冻成了冰），为了防止滑倒，你应该把靴子扎进冰里，确保脚稳稳地扎进地面后再往前走。我们也尝试过从白雪皑皑的斜坡坐着往下滑，这看起来有些傻乎乎的，因为稍不注意就可能被前方尖锐的岩石碰伤，也可能无法在快速的下滑中骤停，所以一般情况下，为了安全起见，我们总会让同伴先走，为后面的人探查路形。

倘若你打算前往陡峭且常年积雪的冰川徒步，必须携带冰爪和较轻的冰镐。靴底有了冰爪，你就不用担心雪路或冰地，它将使你的双脚牢牢地扎进地面。可是你不能整天都穿着，因为它们很快就会被岩石磨钝，因此应该视情况而定，在寒冷的天气里麻利地把它们附在靴底，为了保护冰爪尽量不受磨损，其他时间最好将它们卸下来。冰镐的上部如同手杖，但同样可用来凿上行的冰冻阶梯。最重要的是，你可以用冰镐来防止自己从斜坡上失控滑落。掌握好使用技术，让镐尖朝下，手握镐柄，把镐尖往腋窝方向拉，这时的冰镐就如同刹车闸一样。
（这种技术难度高、危险大，务必提前进行多次的试验和练
习。）如果想象一下就让你胆战心惊，那么你最好在夏季再去
这种高山区。执意冬季去的朋友们请远离冰川的裂缝。

水域

冬天的清晨，路面布满冰霜，如果天气持续阴霾，它们一
整天都不会融化。冰层包裹着岩石，危机四伏，你应该用手杖
谨慎地探路，把它牢固地插进岩石之间的缝隙。我曾和一伙法
国人前往比利牛斯山脉徒步，路上听见有人向我们高呼"冰冻
的!"真奇怪，我暗自寻思着是不是有谁在这么高的海拔卖冰
激凌。原来，我们原定的路线途经一条小溪，于是我们只能跌
跌撞撞地在冻结的溪流里跋涉。

你很可能遇到解冻状态的小溪或河流。这是一个相当棘手
的问题，因为流动的水域有强大的拉力。对此，我已经在第12
章"路障与解决措施"里介绍了渡河的详细方法。

沼泽地

沼泽地分为泥潭沼泽、牛牧沼泽和标准沼泽，每一种沼泽
都障碍重重。假如你前方的路全都浸满水，那么请咬紧牙关，

做好浸湿脚的准备。你需要用雪套套住靴子，以防水渗入鞋中，同时你可以使用登山杖保持稳定，并试探地面是否深陷。很多人反映塔斯马尼亚高原的路径易发生水涝，为此当地政府已建成坚实的木板人行道以保护那些脆弱的植被，徒步者对当地的举措赞不绝口。有时候你想绕道而行攀爬邻近的山峰，你便发现自己步入了陷到大腿根的沼泽地，这种极度耗费体力的行走会使前进速度大大减慢。我不想惹人厌烦，但是事先了解情况会对接下来的行走大有裨益。

仅仅计划什么时候出发，走哪一种地形，是远远不够的，关键要警惕途中的道路，小心地挪动脚步。在可能的情况下，尽量选择干燥坚硬的路面。

驻足休息

你并不是每一次都能和他人达成一致，往往某些时候存在着分歧。走路也是一样，对于一些方法大家众说纷纭。旅行手册的作者 H. D. 韦斯特科特和我们分享了他远足旅行的秘诀：

> 不要一味地讲求步行速度，而应将重点放在减少短暂的休息次数……平日训练自己一口气走三四个小时，登到

峰顶的话，顶多给自己两三分钟的喘气时间，途中尽量不要休息。当你停下来吃饭或休息时，选择一个避开风口且舒服的地点，脱掉靴子，放下背包，在大吃大喝后平躺十五分钟，让全身得到一次彻底的放松。

我们从这一段话中可以总结出英国人（韦斯特科特）的坚忍克己，难道不是吗？但是我个人却更同意美国人约翰·哈特的观念，他曾说过：

从生理上看，在漫长的行走过程中，如果有几次短暂的歇息，效果说不定会更好。处于不断运动的肌肉能够产生对人体一无是处的化学物质——乳酸。可当你经过休息后，你的身体便可以在五到七分钟内铲除百分之三十的乳酸。但是超过十五分钟的休息收效却不明显，只能消除剩下百分之五的乳酸。根据数字来看：如果我感到累了，我就会休息。有时候，走到芳草青青的湖畔、高耸惊险的悬崖边或碧波荡漾的河边，你便忍不住想要休息一番，欣赏眼前纯净唯美的景致。其他时候，倘若饿了，或发现一种动物，或鞋子里钻进一块石子，你也需要驻足休息。如果你感到身体需要休息，那么就靠着背包，或找一棵大树而倚，双腿前伸并放松。这样，你的身心一定会抖擞起来。尽管我像妈妈一样喋喋不休地说个不停，但我还想提醒你一点：最好穿上外套，以防感冒。

降低污染

诚然，徒步旅行对环境的冲击远不及采矿、伐木、筑坝或建房那么明显。然而，我们之所以选择穿越某些地区，是因为它们贴近原始状态。因此我们每个人都有责任保护当地的生态环境，举手之劳，造福后人。

一般情况下，我们最好沿着岩石或沙地行走，尽量不要踩踏植被。我们要着重保护脆弱的生态环境，如苔原和沙漠，因为那里的植物生长尤为缓慢。希望你能在路上做到这一点。有的路段呈之字形，请不要尝试走捷径；假使你执意要这么做，那么这将导致水土流失。即使你面前有一条别人走过的捷径，也请你走主道。要是某条道路容易发生水涝，请不要踩踏旁边干燥的地面，因为这将扩大沼泽区域。穿过狭窄的路径时，不管舒服与否，队伍都应该排成纵队前进，最大限度地减小对路面的破坏。请不要尝试走出第二条小径，尤其是在积雪融化、潮湿脆弱的地面上。这堂课有点沉重，到此为止吧。

速度和距离

1066 年英格兰不幸同时遭受挪威人和诺曼人的入侵，英格兰国王哈罗德·葛温森遂率由 7 000 名亲兵组成的精锐急行军反击。从伦敦北部到约克共有 185 英里，他们共跋涉七天，平均每日行军约 26.4 英里，约有 42.5 公里，最终于斯坦福桥激战中击退了惊慌失措的挪威人。那真是一场振奋人心的战役，不是么？但此时诺曼底公爵趁英军北上之机入侵了英格兰南部，直指伦敦。哈德罗被迫率领疲惫的军队向南行军 241 英里回援，并占据了通往伦敦的有利位置。1066 年 10 月 14 日英诺两军在黑斯廷斯展开决战，结果英格兰战败，哈德罗本人战死沙场。

这则史实最明显的寓意在于，你在长距离步行中必须知道自己身体的限度（尤其是背着沉重的包裹）。罗伯特·路易斯·史蒂文森坚决反对"过度行走"。他认为有些人很不明智地选择了过快、过远等过激的走路方式："如果徒步者总是让身体处于超负荷状态，他们往往得不到想要的快乐，相反他们甚至会面临加倍的麻烦，与预期的快乐擦肩而过。总之，有句话说得很有道理：'走得越远，为之付出的代价也就越高'。"

史蒂文森的想法或许不及哈罗德国王那样面面俱到，但是事先确定行进目标总比遥遥无期的行走要好得多。

　　根据历史调查，过去人们的走路强度比今天的我们还要大。我在某处读到：一天下午，诗人威廉·华兹华斯和他的妹妹多萝西走了四个小时的山路，足足有 17 英里，他们每小时的行走速度超过了 6.5 公里。更令人意想不到的是，多萝西当时可是穿着长裙走路的。19 世纪的登山者也行走了相当长的距离：爱德华·温珀征服了马特峰①，随同他的一名成员说，温珀每天规定自己行走 40 英里，只有这样，他才觉得自己是一个名副其实的徒步者。据说另一名登山者查尔斯·赫德森平均每天能走 50 英里路程。

　　走路不是一场比赛，所以你不必非要效仿这样的壮举。然而，你应该估量出自己将行进的路程，这对于日照时间短的地区十分重要，或者你可以联系某种运输工具在某处接应你。我所知道的另一位来自苏格兰的登山徒步者威廉·奈史密斯，在1892 年发明出一个根据步行时间估算步行距离的公式。根据奈史密斯的算法，你可以大致认为自己在 1 小时内行走了 3 英里距离（差不多 5 公里），如果是爬山，就按每半小时 1 000 步计

---

　　①　阿尔卑斯山峰之一，在意大利和瑞士边境。

算（300 米左右）。我想补充说明，对于一些特殊情况，有时候你需要考虑其他因素：

- 吃饭时间；

- 恶劣的天气（包括大风）；

- 险要的地势；

- 探路的问题；

- 途中的休息时间；

- 组队时间；

- 沉重的行李。

沉重的行李将使你在水平路面上行走的速度每小时减慢三公里。当然，途中的其他因素我们也无法预测。在澳大利亚，我们很容易遇到大片的灌木丛。如果浓密的植被挡住了去路，你就不得不把它们推到两边，但有时候地图上不会为你标明这些障碍。随着经验的积累，你将逐渐了解路况上可能出现的种种干扰因素，大可不必对此重新估量，这可能消耗宝贵的时间。

所以建议你找到自己的步伐，并制定适合于自身的步行距离。我能接纳并享受的距离是在良好的路况上每日行走 30 公里。很多人不喜欢体验行走的煎熬与辛劳，我有一个体能俱佳的朋友，她认为自己的身体无法承受这样的距离。在多山的地形中，我们通常每日行走 15 公里。虽然这个数字听起来不是很大，但这意味着连续攀爬 1 公里的山路（这样的话，下山也是 1 公里的路程），你能受得了吗？尽管如此，我们仍然很享受自己所度过的每一天。

大多数情况下，你都会参照旅游指导书籍或徒步日记来判断自己每日所走的路程、难度指数和时间。书本里所谓的路程我们都知晓，但路况的难度等级往往会包含很多信息。我们必须把上山、下山（很多书对此所提的建议都是分开的），或者道路的平坦度、粗糙度一一详加考虑，而且外出也要视天气状况而定。任何特定的时间都是经过我们的揣度而确定下来的，所以你必须仔细检查这些暂定的计划；假使忘记加入吃饭、如厕或赏玩风景的时间，你就无法赶上原定的计划。另外，你应该考虑其他同伴的适应情况：其他人会不会把新手带进队伍里？是不是带上了自己的祖母一起走路？也许队伍里身着轻便衣裤的年轻伙伴大步跑上山头，而好些人却落在后面？因此你不能仅凭指导书籍来断定自己的时间和路况等级，除非你亲自体验过这些路线。

提速

当代人总是重复着久坐不动的生活：每天我们开车或乘车

上下班，一直坐在电脑屏幕前，只是偶尔走到咖啡机前活动活动身体。回到家中，我们习惯了看电视或读报纸来放松心情。这时候，如果你想以一次长距离行走为持久锻炼的起点，别人会觉得荒谬，因为你所选择的方式取决于你为之准备了多少，也取决于你身体的适应水平。如果要适应它，你就应该以短距离走路作为开始，而初始距离亦取决于你在徒步前所做的一切准备。

出发前，最好做几天热身运动，体验一下与你在短途步行计划中的距离。穿上你准备的靴子或鞋，提前进行磨合与适应。最好不要在真正开始远足的时候穿新鞋，也不要穿刚刚修过且不常穿的旧鞋。最近我的妹夫穿着一双很少穿的靴子去塔斯马尼亚的陆上小径徒步，到了第二天，他便感到痛苦难忍，早上不得不系紧鞋带，而晚上却要费力脱掉。同样，尽可能减少所携带的背包重量，午餐之后找个时间调整自己的背包重量。有一次我的朋友皮特从他的背包里拽出两大本厚重的悉尼电话号码簿，询问我们是否需要联系谁。总之，请在出发前明智地检查一下背包，说不准你想要作一些调整。

对于距离或短或长、日复一日的走路，耐力是你最需要具备的素质。只有在开始前经过一段时间的准备和适应，你才能在走路时有心情享受美不胜收的景色。光完成体能训练远远不够，你还需要锻炼心理耐力。出发前，你最好专门挑选几天令你不舒服甚至厌烦的坏天气进行强化训练。我不得不着重强调这一点。我们曾沿着英格兰北部的海岸步行，中途偶遇一名男子。他告诉我们这是他第一次尝试远足旅行，尽管他的身体尚能适应这种运动，但他还是感觉山穷水尽、进退两难。他选择独自一人徒步，但在有些人看来，这样做很不明智，因为孤独感会加重徒步者对于远足的厌倦情绪。从他的言谈举止中，我们很少感受到他的快乐，好像只有他恪守自己的目标。我相信，在他这般坚强不服输的信念下，他一定会实现自己的目标，但我一直怀疑他下次是否还会选择这种方式来享受徒步的乐趣。

徒步旅行意味着收获快乐。通过改善走路的方法，你不仅能让这种消遣变得更愉快，还大大降低了途中受伤的概率。相对言之，后者对前者起到了促进作用。一旦知道了自己偏好的速度和距离，你就完全可以为自己计划一次假日远足。接下来，你便可以信心百倍地选择徒步地点了。

4. 沿途的风景

　　世界每一处的景观因不同的地质、人文和气候而显得各有千秋。有史以来，人类一直喜欢把荒野归为特殊的类别。贫瘠的土地寸草不生、荒无人烟，人类却浪漫地把这片平凡的大地视为崇高的、壮丽的景区。后来，人类逐渐认为一些具有感观性的地区，如绵延的山峦、宏伟的瀑布、太古的森林等，它们的观赏价值远远高于泥泞的沼泽、空旷的荒野和茫茫的草原。然而举世闻名的安塞尔·亚当斯①所拍摄的约塞米蒂景观照却表明，"半圆山②只不过是一块大岩石"，它是我们"深度净化

---

　　① 安塞尔·亚当斯（1902—1984 年），美国摄影师，生于旧金山，是美国生态环境保护的象征性人物，他的摄影技艺至今仍能产生强烈的反响。
　　② 原文为 Half Dome，海拔近 3 000 米，是美国加州约塞米蒂国家公园的象征。

个人心灵和观念"后的一种升华。一切景观从本质上来说都是平等的，只是人类所赋予的价值不同。我们往往认为那些纯洁的原始荒野比我们代代耕种且不断发展的地区更加珍贵，因为它们不完全属于我们人类，它们是自然的一部分。在这种平均主义的主张下，我们也自然而然地把某个地域依据人类文明和自然野生的程度进行划分，将这些众多的景观大致分为城市、小镇、耕地和荒野等不同的类别。所有景致都可以吸引徒步者的兴趣（虽然不可否认的是，很少有人喜欢沼泽地），让我们边走边思考，最终只根据自己的偏好，选择情有独钟的地方。

神秘的山

我们无法抗拒山的魅力，高大的山体威武磅礴、雄伟壮观。站在它们面前，我们仿佛变成了小小的蚂蚁，顿时看到了自己的局限，感觉到自己的渺小。英国的艺术家和评论家约翰·罗斯金绝妙地总结并宣称道："所有的自然风光始于山，亦终于山。"我查到了一些关于山景的词汇，它们大都来自法语：圆形山谷（cirque）、刃岭（arête）、尖峰（aiguille）和山峦（massif）。

为了享受美丽的山景，你不必非要当一名喜欢寻求刺激的专业登山者。只要健康的你愿意付出一丁点额外的努力，就可以越过一个个关隘（或山坳），穿过一个个起伏的山谷，饱览不同的景致。在我看来，攀登高耸的山峰不仅可以满足我们个人的成就感，走山路这种悠久的传统也可归结于一种宗教朝圣的形式。西藏南部的冈仁波齐峰是印度教和佛教朝圣者的主要聚集地，人们沿山而上，艰苦跋涉。在这一行程中（或者环线范围内），勃朗峰是他们的必经之地，其海拔至少有 8 000 米，朝圣者们不得不千辛万苦地上山下山，而山路逶迤蜿蜒，只有身临其境，方可欣赏到它的美。

　　世界上的每一座山都似乎独一无二，与众不同：大多数是在地表岩层相接处形成，但不排除其他的因素，比如地表褶皱、火山活动或冰河作用。新西兰岛因地球不同的作用而形成：火山的爆发造就了北岛，而南岛的形成主要受到冰川运动的影响。在西欧，阿尔卑斯山褶皱的巨石如今变成了法国火山区中央高原，反过来，阿尔卑斯山北部东段的山群多洛米蒂山在两亿五千万年前安静地躺在海底，七千万年前它浮出水面，后经隆起成为了形态各异的群山。幸运的是，我们的世界能够承载一次又一次的大地接壤和一次又一次的火山喷发，目前只有荷兰的地形是坦荡如砥的。据我所知，波兰和斯洛伐克边境处的高塔特拉山、南斯拉夫的黑山、希腊品都斯山区和土耳其南部的托罗斯山脉之间都有供徒步者活动的步行小径。这些只是欧洲的地理特征。根据纬度和气候，你可以找到雪山或干旱的荒山，也可以前往远古的森林、牧场或野花争香斗艳的山坡。

火山热区形成了一座座独立的火山，它们像戏剧一样有高潮，但又反复无常，一般被绵延的山峦所包围。如果你喜欢活火山的刺激感，可以考虑去西西里岛的埃特纳火山、新西兰的汤加里罗山或者夏威夷和冰岛那些时常喷溅大量岩浆的活火山地区游玩，但这些地方也不尽如人意。年轻的火山景区可能贫瘠荒芜，寸草不生，走起来也略感烫脚，稍显无趣。死火山或处于长期休眠的火山往往壁立万仞、高耸入云，很少有登山者能够征服：肯尼亚山海拔4 985米，另一座则是非洲最高的乞力马扎罗山①。如果你执意攀爬，倘若出现严重的水土不服或高原反应，后果将不堪设想。

说完了火山，我该提一提冰川之旅了。那些喜好冰川的人们最好赶在冰雪融化之前攀爬，乞力马扎罗山的冰川几乎已经消失了。我曾在欧洲庇护所的墙上看到一张乞力马扎罗山过去的照片，但和当时窗外的模样相比，已经面目全非，它不愧是

① 高达5 963米，素有"非洲屋脊"之称。

人类全球变暖问题强而有力的见证。但阿尔卑斯山、安第斯山脉、落基山脉和喜马拉雅山却仍然是"永恒的"，登山者们当然可以一饱冰川之眼福（不能在反季节里）。在新西兰、巴塔哥尼亚和阿拉斯加，徒步者有机会通过山口接近冰川，他们完全可以摆脱高海拔的困扰。试想一下，站在那里欣赏从冰墙之下一泻千里的融水激流，多么惬意、多么难忘！

无名的美景

高山并不是唯一能够阻挡人类栖息的地形。任何土壤稀薄或时常发生水涝的地方都有可能人烟稀少，并给人以宏伟壮观之感。沙漠就是一个极端例子，它不利于我们长时间行走，但现在也出现了一种商业性的徒步旅行（骑骆驼），这让我们感受到澳大利亚沙漠那广阔浩瀚的韵味。一望无际的沼泽地也有类似的欣赏价值，但它的单调却逐渐让徒步者望而却步，甚至绕道而行。尽管如此，北约克郡的沼泽却有极高的欣赏价值，你可以一览种类繁多的鸟类，感受大自然的奇趣。石灰石道面的岩脊和岩沟又令我们感触到不同的魅力，然而踩着它会感觉很硌脚，所以任何露出岩石骨架的地方我们都应该小心翼翼，以防扭伤。而陡峭的峡谷和悬崖更能让我们享受视觉的盛宴。

科罗拉多大峡谷占据美国西部的整个地区，包括著名的大峡谷和美丽的犹他州国家公园。在其他地方，如法国南部、约旦、纳米比亚或澳大利亚北部的卡卡杜也有各种各样的峡谷，足以使徒步者产生敬畏之情并感受到自然的深邃，而正是自然的深邃，莫名其妙地俘获徒步者的心。同时，光怪陆离的岩石群也有徒步的价值：犹他州的红色石林布莱斯峡谷，以及土耳其白色柱子和卡帕多细亚椎体都可以成为徒步者浪漫的背景。

水边

散文作家约瑟夫·阿狄森在 1712 年写道："世界上没有什么比河流、瀑布更有生气，它永久地处于变幻状态，每一刻都是崭新的，我们永远感觉不到视觉的疲倦。"河流与瀑布能够滋润干渴的徒步者，能够激发他们无穷的想象力。我想，徒步最大的乐趣就是看到一条涓涓的细流从山间迸发而出，经过数天的流淌，像瀑布一样积聚了所有的力量，从山头跳落而下，逐渐壮大，形成一条浩浩荡荡的大河，我家乡的法国卢瓦尔河与迪河就是这样形成的。多次穿过河道就仿佛与旧友重聚，知它、懂它，构建心与心的交汇（如果没有桥的话，它可能就变成了你的老对手）。

温和的溪谷通常是土壤富饶的宝库。在法国的多尔多涅或威尔士的河谷徒步，会感觉兴致高昂、其乐融融，而新西兰峡湾陡峭的峡谷也别有一番滋味。

爱尔兰诗人威廉·巴特勒·叶芝①就曾被湖水所吸引：

> 现在我要起身离去，因为在每日每夜
>
> 我总听到湖水轻舐湖岸的声响；
>
> 伫立在马路上，或灰色的人行道上，
>
> 我都在内心的深处，听见那悠悠水声。
>
> （选自《茵纳斯弗瑞的湖心岛》（*The Lake Isle of Inn-isfree*））

是不是这些诗句激起了你的一丝忧愁，使你想赶快整装待发，去斯莱戈郡的吉尔湖呢？很多年前，横跨过大西洋的亨利·戴维·梭罗在马萨诸塞州瓦尔登湖岸上找到了创作的灵感（这主要归功于他不断地走啊走）。隐蔽的水塘适合隐遁孤寂的梭罗，而较广阔的水域则适合胸襟开阔的人。英国的湖区有各

---

① 叶芝，著名的神秘主义者，是"爱尔兰文艺复兴运动"的领袖，也是艾比剧院的创建者之一，被诗人艾略特誉为"当代最伟大的诗人"。

种各样的怪名字，比如克拉默克湖和巴特米尔湖。它们的起源富有戏剧性，人们并没有急于给它们起名字，因此它们的叫法没有任何补救过的痕迹。在加拿大落基山脉，翡翠湖和冰渍湖的叫法则包含了更多的信息。对于一些异乡的湖泊，你可能听说过阿根廷的巴里洛切，或者意大利北部的伦巴第。而真正具有异国情调的，比如吉尔吉斯斯坦的"天空之湖"，你可能已经作好了出发的准备。在湖区周围，你可以寻找相对平坦、水景集中的地方散步，也可以花上好几天攀登附近的山坡，从高处俯瞰熠熠发光的湖面。

另外，沿海行走也是不错的选择。光顾与世隔绝的小海湾，你会意外地看到远处陡峭的悬崖孤立地耸立在海边，海鸟盘旋而至，纷忙筑巢。有些人认为沿海慢走是件轻而易举的事情，但请记住，你必须越过海滩之间的岬角。海角露出的地方不仅风大，且风力强，几乎听不见旁人的说话。我曾经享受过在布列塔尼、利古里亚、英格兰西南部、澳大利亚东南部和新西兰连绵的海岸上漫步，而我的下一个目标将是土耳其南部的滨岸和吕基亚道的一部分。那里有众多的海滩，足够我们过把瘾。当然你也可以考虑其他不错的地方，比如葡萄牙的阿尔加维、克罗地亚的达尔马提亚海岸，或者南非的水獭小径。

原始森林

在文化领域里，树——更广泛地说，林地——是生命力的有力象征。树杈吱吱地碰撞，树叶沙沙地作响，光与影互相映照，呈现出一段复杂的舞蹈，它预示着生命的力量，寄予着生活的韵味。诗人沃尔特·惠特曼欣喜地看到它们的活力："为什么每当我走在高大的树林中，听着悦耳的声音，我的思绪便会油然而生呢？"如果抛开这些文艺感，回到现实中，我们可以在阴雨中寻求大树的庇护，在火辣的阳光里感受阴凉。

有些人工种植林是四季常青的，但未免有些单调乏味。它们长得太过密集，柔和的阳光无法透过滋养林的间隙照到地面。可是原始森林却没有受到人类的干扰，它们总显得那么迷人；很多森林已有数百年的历史，那里鲜活的空气足以浸透心脾，让人喜不自禁。黑森林是德国最悠久的徒步胜地，从1864年开始，便一直保留着四通八达的徒步小路。科西嘉岛的内陆有漂亮的橡树林和板栗树林，遍地都是兴致勃勃觅食的猪群；这显然是中世纪的英格兰人与林共处的景象，而他们的生活和工作也离不开那片土生土长的林子。

世界上有很多原始森林值得我们去探索。广袤的澳大利亚丛林滋养了繁多的物种：就桉树来说，多达 700 余种。新西兰港口那些奇异的树木和灌木从冈瓦纳的古森林演变而来。说到热带雨林和茂密的丛林，你可能首先想到秘鲁和玻利维亚的峡谷，婆罗洲的沙巴或柬埔寨的低洼豆蔻山脉。有的植物精致且稀有。走在雾蒙蒙的森林里，头顶上方是一片片低云，地上长满了植被，身旁是矮小的乔木、附生的蕨类、地衣或朵朵的兰花，惬意而自在。你只有在类似于厄瓜多尔和婆罗洲这些靠近海岸且具有一定纬度和海拔的地方找到这种仙境。我很幸运，因为我曾体验过靠近澳大利亚东海岸的豪勋爵岛的景致，那里美不胜收，令人流连忘返。

生命的迹象

对于很多徒步者而言，尤其是那些偏好古典情调的徒步者，理想的景观是井然有序的，那里有怡人的田地、葡萄园、溪流和林地。尽管我比较喜欢高大伟岸的群山，可是翡翠般的田园却能触动我的心弦。很久以前，人类其乐融融地居住在这些唯美的风景里，那种更为简朴的生活不仅更具有启发性，还能满足我们的视觉需求，但后来有人愚蠢地发明了混凝土，我们便与这种快乐挥别了。

　　徒步旅行者往往比其他人更明白这一点。在漫长的徒步生活中，我亲自体验到了古人的智慧与创意：古代的石圈、凯尔特的石室冢墓，澳大利亚的土著居民用锐利的工具磨光了装有沙砾的沟槽。漫步在多尔多涅地区，你可以收获史前的历史，其中包括观赏精致的彩绘洞穴和穴居村落。世界各国的人们都曾在古老的大地上刀耕火种，代代繁衍。我们走遍了西班牙南部，欣喜地发现了一个消失的时代，古人曾在悬崖边修建了一座大石台，原来这石台是用来盛放粮食谷物的，微风拂过，带走了较轻的糠皮，留下的便是较重的谷粒，我不禁赞叹他们骄人的智慧。在科尔多瓦，早已灭绝的摩尔人在严峻的生存环境中匠心独运地建成了灌溉系统，先辈们的独创才能又一次让我们佩服得五体投地。纵观历史，西方和东方的寺院大都修建在与世隔绝的地区，入住其内的僧人放下了尘世的杂念，一心探究世间的真谛。我们游走在边远地区，置身于荒凉的城堡废墟中，欣喜若狂中夹杂着一番道不尽的忧愁。

　　下面，我将给你介绍一些更浪漫的古老路线。英国的土地上遍是纵横交错的罗马大道，它们比十年前由当地政府大张旗鼓所铺设的道路要好。如果去日本的中山路徒步，你可以沿着连通东京和京都的 7 世纪的交通要道行走，虽然其中有些路段毁坏了，但总路线是畅通的。挪威有著名的中世纪朝圣之路，它从奥斯陆通往特隆赫姆。在中国，你可以沿着令世人叹为观止的长城徒步。同样，哈德良长城也是值得体验的地方，它像一条巨蛇一样逶迤蜿蜒地横跨英格兰北部。欧洲遍布着高原和盆地，几个世纪以来，每年都有盛大的游牧场面，你可以在夏季放牧时节跟随牧民和畜群行走。这片辽阔的大地永远不乏生命的气息（偶尔看到一只新生的羔羊，在茫茫的草地里蹒跚学步），在那里可以享受谷物丰收的喜悦感。如果运气好还能看见大片休耕的土地，上面开满了罂粟和毛茛。如果走在英国约克郡山谷，也许前方众多小块的农田会让你眼花缭乱，每一块绿色的农田都被干燥的石墙和石头谷仓所包围。亚洲和秘鲁的山坡则较为陡峭，你一定会陶醉在眼前由梯田构造的奇观中。普罗旺斯被称为一望无垠的紫色国度，因为当地广泛种植薰衣草。建议不要选择盛夏时节出发，因为你可能难以适应艳阳的烘烤。

葡萄园是最具耕种特色的地方。我们不但欣赏了硕果累累的果园，还能够品尝新鲜的葡萄，品味纯天然的佳酿——葡萄酒。阿尔萨斯位于法国和德国边境的孚日山脚，是一个理想的吃喝玩乐之地。往南去，法国勃艮第和托斯卡纳的基安蒂葡萄园更能给予我们无穷的快乐。秋日是前往葡萄园的最佳时机，硕大的葡萄挂在枝头，叶子的颜色逐渐变为浓郁的铁锈色。每迈出一步，你都能收获惊喜。

　　许多地区的村庄特色鲜明，是当地风土人情的丰富写照。它们有的依山而建，有的坐落在岬角上。地中海的别墅村、西藏的佛教圣堂、英国科茨沃尔德的黄金石屋、老挝的茅草棚屋，或摩洛哥的泥砖住房，它们都是路途中的亮点。一条条小道不但承载着村落经济发展的使命，还满载着人与人之间的情谊，它们为人们提供了互相汲取文化、汲取经验的机会。

走在城市

　　相对于乡村而言，城镇和市区的"文明"程度一般更为发达。从法国南部的勒皮古镇到孔克村的徒步路线应该最有意思，沿途有不少迷人的城镇，其中的建筑展现了典型的罗马式风格。我不排斥去城市繁华区漫步，因为我很少放弃探索有趣路线的机会。但和偏远或人烟稀少的地方相比，城市固定且集中的集会有时候确实让人感到些许厌倦。有些城市十分适合徒步，比如澳大利亚的首都悉尼，它宽广而辽阔，其沿海路线充满了乐趣。最近，我们花了一周时间从北海岸走到南海岸，并在很大程度上绕开了郊区和商业区。我们来到僻静的海滩，海风轻抚着被风化的岩石，海鸟在悬崖峭壁上方自在翱翔，还有趣味盎然的建筑——具有标志性的三角帆歌剧院、悬吊式海港大桥等。它们不断冲击我们的视觉，把我们的倦意和劳累赶到了九霄云外。

这里，我为你提供一些在市中心行走的技巧：

● 靴底尽量厚重些，以免鹅卵石路伤脚。

● 避免携带过重的行李，把多余行李存放在酒店或火车站，随身携带一些必需品。

● 学会看城市地图，在出发前粗略地绘出行走路线。

● 考虑并认识基本的地形，比如学会用城里的河流辨别方向。

● 登到钟塔或古迹的高处，俯瞰你所光顾的城市。

● 上网查有关该城市的信息，不要放过任何看起来有趣的小路或小巷。

● 当你逐渐厌倦了周围的景致（这时你走得会比平时更快些），可以试图寻找一些绿意盎然的公园或植物园。

你的兴趣决定了你所去的地方，也决定了你将沿着哪条道路前进。我们曾经遇见一位敲钟者，他告诉我们他想去一些历史悠久的村庄，聆听异乡古朴雄浑的钟声。当约翰发现苏格兰地图上标明的地下隧道时，非常兴奋，将之作为一次漫长步行的目标。当我们抵达目的地后，才发现这个地下隧道不是由古代王室建造，只不过是一个随处可见的地下通道，或者说，它好比杂草丛生的田野中一块石头那么普通。尽管如此，我们的这次旅行仍然很愉快，因为我们对任何事物都充满好奇，为了寻求真相敢于冒险。

　　我们曾经沿着墓地或陵墓徒步，发现与死亡有关的文化同样很有意义。古代吕基亚人把自己族人的灵柩安置于精巧的峭壁悬棺里，这些悬棺位于土耳其地中海沿岸的岩壁上，有门楣、板梁和小门。走在西藏，我们又亲历了天葬。人的尸体被鹰等猛禽吞食，人们以这种仪式表示死者的顺利归天。虽说类似的回忆是凄美的，甚至让人痛彻心脾，但足以证明我们在走路的每一天里都获益良多。有些人陶醉于外来的文化，有些人沉迷于异国的历史，而有些人则喜欢专门探索未经开辟的地方。而现在，对于你我来说，唯一的问题恰恰就是去哪里……

5. 在世界何处

　　有一个问题总是频频地烦扰我，有些人听说我是一个热衷于徒步旅行的人，便屡次询问我"是否完成了我个人的徒步朝圣历程"。针对这个问题，他们甚至联想到很多传统的朝圣路线，比如以法国的圣让-皮耶德波尔①为起点，穿越比利牛斯山脉，途经几座城市，抵达西班牙西北海岸的圣地亚哥-德孔波斯特拉，最后到达传说中的圣詹姆斯遗址。可见这条路的历史十分久远，其景致也是山水相依、钟灵毓秀，但它并不是唯一的徒步路线，也不代表着唯一的朝圣之途。大多数西班牙人都把此路唤作"法国之路"，因为它穿越了法国的大片领土。英

---

　　① 法语为 Saint-Jean-Pied-de-Port，位于法国阿基坦大区大西洋沿岸比利牛斯省尼夫河畔的一个镇。

国人可能先乘船去拉科罗纳，再进行一段较短距离的徒步游，而葡萄牙人的选择也许大不相同。很多英国人都不怕麻烦，尽管如此，他们的心中早已有了明确的拜访地点，比如坎特伯雷大教堂主教托马斯·贝克特的坟墓。非基督教的世界肯定是索然无味的，但我不否认其他宗教仪式，比如参观麦加伊斯兰教的朝觐，或去印度寻求佛教的解脱。

我不知道为什么那些虔诚且众志成城的朝圣者能跟随每年夏季数以千计的牧群前往卡米诺-德圣地亚哥进行徒步，他们选择了这种特殊的方式，也许是因为沿途景色的风月无边，目酣神醉。徒步者或多或少都是根据自己的心态来决定徒步的去向，你也可以视路线的长短、地势地形和文化氛围而定。西班牙北部有一片单调乏味且闷热炙烤的小麦平原，有些徒步者不顾环境的艰苦大胆决然地尝试穿越那里，我一直想知道他们为什么这样做，难道他们会得到很多好处吗？

你一般通过何种方式获知其他古典的徒步路线？如果你选择博览群书，相信一开始你便会把寻找重点放在一些类似于"伟大的跋涉"的励志书籍上。说实话，这类书在图书馆里真的随处可见。但总的来说，此类书的作者很少注重细节的描述，他们大多着重陈述自己的旅程，却功不可没地为我们罗列出遍及世界各地数也数不清的徒步小径。也就是说，在我所写的第一本徒步旅行的书里，我试图以详细的徒步笔记为主，用大量的照片展示我的经历，并大胆地以"走在古典的西欧"为题。姑且不论它是否可以有助于你实现心中宏伟的目标，只要细读，你便会觉得妙趣横生。

一些网站可以为我们提供世界范围内简略的出行信息：闻名遐迩的户外娱乐网（Great Outdoor Recreation Pages）很受美国徒步者的追捧，在本书的最后我也为大家罗列了一些有用的网站。世界各国的国家公园也都建立了官网，向旅行者提供可靠的信息和链接。一旦选择用互联网搜索资料，你便发现原来网上有如此之多能够组织徒步旅行的公司，它们一目了然，而你可以根据个人需求选择其一。假如你不愿意与一群陌生人同行，它们将为你提供众多山清水秀的佳地，其中涵盖了纵横交织的步行小径。这样，你便可以独自一人或跟自己的亲朋好友一起去享受徒步的乐趣了。如果很多供应商都向你推荐某一处风景，那么此地好比一局极可能会赢的赌注，你大可放心地收拾行李作好准备。同样，地图编绘机构拥有纸质的或电子的大型地图的联机目录，其中都有详细地区和详细景区的自然风光草图。我曾经购买了一本由 IGN 公司所绘制的地图册，它十分详细，法国众多旅游地和长途旅行的徒步路径都一目了然，其中还标明道路集中的地带，使用起来十分方便。

很多徒步旅行新手容易对异国风光产生浓厚的兴趣。倘若你酷爱西班牙的美食、音乐和午睡[①]，那么你可以计划一次难忘的西班牙徒步之旅，途中你还能品尝到令人齿颊留香、垂涎三尺的西班牙小吃。有些人喜欢感受更富有异国情调的文化。但也许这些国家并没有为徒步者提供走路的基础设施：这要取决于国家的人口密度、富裕程度、国民是否有闲暇进行徒步活动，以及国家是否有足够多的景点以创建徒步行业等因素。一般来说，愈在欠发达的国家，你就愈能得到更多的帮助，比如旅行商能帮你解决语言方面的困难，为你安排运输、办理执照、寻找搬运工，或者供应必需品。寂寞星球出版社（Lonely Planet)[②] 针对不同国家的不同地区出版了一系列旅游指南丛书，广受读者的欢迎。在较为普通的旅行指南里，《指南梗概》（*Rough Guides*）中的游玩方式和徒步相类似，因此受到徒步者们的追捧。

我们的世界吸引并唤醒了越来越多想要徒步行走的人，他

---

①　西班牙语是 Siesta，每天下午一点钟开始，整个岛国陷入沉沉的午睡中，一直到黄昏六点，海岸之子才伴着夕阳惺忪醒来，开始每天生命中的下半部精彩段落。

②　寂寞星球出版社被认为是世界最大的独立旅游指南出版社。至 2004 年，共出版了 650 个种类关于 118 个国家的主题，年销量达 600 万本，约占英文旅游指南销售量的四分之一。它被旅者誉为"自助旅行的圣经"。

们不仅是地球的主人，也是徒步活动的参与者。然而很多游客只是看到了世界各国文化领域最光彩的一面，所打交道的也只不过是当地酒店里的员工或车站的售票员。好在越来越多的徒步旅行者想要感受更真切的当地生活特色和社区鲜活的生活节奏，因此他们拥有更多与人相处的机会。即便如此，他们的体验还是存在着一定的局限性：我们大多数人在野外游走的时候，遇到的只是田间地头的农民或赶着牲畜的牧民，所以我们接触的人群还是比较单一。夜间，我们还喜欢和乡下小店的店主闲聊，偶尔观看乡间广场上的法式掷球游戏。这也是一种融入当地人生活的方式，有时候你甚至会被邀请加入他们的游戏。可国家与国家之间的文化有时大相径庭，这时你需要当地的导游为你解释当地各个层面人们的生活行为，并在途中向你翻译当地村民的语言。

随着时间的推移，外地的徒步者们往往对那些平凡的路径失去了兴趣，或许他们逐渐倾向于制定契合于自身的西班牙北部出游计划，而不是遵循其他人过时而陈旧的路线。所以你只需避开不愉快的国内动乱，绕开交战国家之间的边境地区就行了。当然，国家是一个人为的概念，长途步行的最大快乐就是跨越国界，或者分开双脚站在国界线的两边，不受"国家"这个概念的约束。假如办好了所有该办的证件，你便可以风驰电掣般地畅游世界的任何一个地方。

西欧

尽管在经济上日益融合，但是这片土地充斥着各式各样、灿烂多姿的文化。在一日行走的范围内都有定居点，这点非常周到。既有高度文明的景点，又有令人叹为观止的荒野。西欧古老的步道多是商人和牧民循环往复地踩踏而成，为方便游客识别，现在它们已被标记在当地的地图上。假如你和我一样喜欢夜间独自徒步，西欧确实是一个值得一游的地方。

英国拥有丰富多样的景观，从苏格兰荒凉的西北部，一直延伸至繁华的英格兰南部。对于会讲英语的徒步者来说，计划进行一次徒步非常容易（尽管某些方言很难听得懂）。尽管这令人憧憬，但我还是建议你最好抑制住强烈的好奇心，不要单凭古雅的地名而武断地决定去哪里游玩，在你做出计划前，需多查资料，作足准备。我发现英国地图上绘制了很多迷惑我们的地标——比如单真溪谷、斯特伦布尔顶和尼布利圆丘，更不用提那些拗口的威尔士和盖尔的地名了，而且这些地方都名不副实，你也不想鞋子走烂了才发现这一点吧。利用大量的官方远足路线，它们将指引你游遍湖区、科茨沃尔德丘陵、约克郡山谷、苏格兰高地、威尔士南部的布雷肯山国家公园，以及沿西南海岸一些名字古朴的地方。在英国，徒步与其说是一种消遣活动，还不如说是一种纯粹的信仰。加之英国盛产古酿啤酒，到处坐落着温馨清逸的小酒吧，在你小憩之余来一杯醇香怡人的啤酒，可以消除疲倦，使旅程变得更加欣欣然。

公元前 2000 年，凯尔特人在爱尔兰留下了一批丰富且可观的遗迹。如今，追求自由、光明、和平和民主的爱尔兰被誉为"绿色宝岛"，这多亏了此地充沛的降雨量。爱尔兰的许多徒步路径位于低山区域，比如东部的威克洛山，西海岸线的丁格尔半岛①和凯里环②。在欧洲的其他岛屿中，冰岛也许是最原始的，它以"极圈火岛"之名著称，共有火山 200～300 座，是温泉最多的国家。但冰岛的徒步路径数量有限，如果幸运的话，徒步者可以目睹地热奇观和缤纷的极光。在出发之前，应携带厚衣服，以抵御严寒及大风，另需准备涉水（冰流）的装备。但是夏天的冰岛白昼漫长，你可以好好利用白天的日光外出游玩。相对来说，科西嘉岛、撒丁岛和克里特岛的气候比冰

———————————

①　丁格尔半岛历史遗产丰富，被誉为"地球上最美丽的地方"。这里仍然保持着远古时代的景色和纯朴无华的风情。

②　Ring of Kerry，景色优美，既有田园景象的乡村，又有喧嚣热闹的城市。

岛更暖和些，这几处最能代表欧洲的田园生活。科西嘉岛有维护良好的步行路，从波光粼粼的海边到连绵不绝的山区可以走上好几天，你可以好好过一把走路的瘾。

法国拥有庞大的道路网络，包括之前所述的很多旅游之地，大多集中在峰峦起伏的中央高原山区，那里是多条河流的源头。在法国东南部，有白雪皑皑的阿尔卑斯山，而西南部有气势雄浑的比利牛斯山。在阿尔卑斯山，你可以选择沿着超长的 GR5 徒步路线或其他几个分支路径行走；而如果在比利牛斯山，则需寻找从东海岸通向西海岸的 GR10 徒步路线。除了爬山，徒步者在法国可以享用美酒佳肴以补充体力，行走在充斥着历史、艺术和建筑的景观中，不仅可以沿着卢瓦尔河参观城堡，而且可以追寻西南部清洁派①教徒叛乱的足迹。我和约翰曾写过一本特别实用的图文指南手册——《走在法国》（*Walking France*），它对于你的法国之行将会有很大的帮助。

意大利官方的徒步道路大多沿着阿尔卑斯山和多洛米蒂山分布在意大利的北部。在意大利南部，你可以选择村庄之旅，

---

① 中世纪流传于欧洲地中海沿岸各国的基督教异端教派之一，亦音译为"卡特里派"，泛指受摩尼教影响而相信善恶二元论和坚持禁欲的各教派。

感受当地的人文和风情。除了山不是太高，翁布里亚自然环境优美、四季常青，素有"意大利的绿色心脏"之称。特别值得一提的是那里的葡萄园、橄榄园、罗马庙宇、神秘的山村小镇，以及众多文艺复兴时期工笔精湛的壁画。纵观整体，意大利的村庄散发着古代的风韵，它们标志着中世纪昌盛的文明，而意大利人慷慨无私、落落大方，相信他们一定会兴高采烈地迎接你，与你分享意大利浓厚的文化。意大利拥有美不胜收的沿海风光，从阿马尔菲到利古里亚的途中有著名的五渔村，它们依山傍海，平凡而独特，碧澈如镜的海水与奇巧的险峰让这五个静静躺在利古里亚海边山坳里的小渔村富有如诗如画的醉人之美，相信它们一定会给你留下难忘的回忆。哦，我还想提醒你有一本《走在意大利》（*Walking Italy*）的旅行书，它十分详实地记录了在意大利徒步的细节，在此请允许我最后一次腆着脸自我推销，谢谢大家！

西欧盛产很多优质的烈酒（其中包括波尔特葡萄酒和雪利酒）。葡萄牙杜罗山谷的葡萄梯田对于徒步者来说是一个理想的目的地，因为佩内达-热尔国家公园久负盛名，其风景令游客流连忘返、怡然自得。西班牙卡米诺岛的葡萄酒口感干爽、后味十足，前来徒步的人都应该尝尝这令人回味无穷的佳酿。而喜欢爬山的人一定会兴致勃勃，因为该地周围的群山还包括比利牛斯山、布满石灰石的欧洲之巅，以及毗邻格林纳达岛的内华达山脉。此外，我们还能欣赏到摩尔人罕见的艺术杰作——白色庄园。往南去，那里的气候较为干燥，所以山面贫瘠，植被较为单一，但是漫山的杏树和郁郁葱葱的果树林也呈现出不错的繁茂景致。

海明威笔下的瑞士是这样的："这是一个玲珑而陡峭的国家，它的地形多为上凸下凹。"瑞士有很多供人们攀爬的群山，的确，徒步旅行就是我们去瑞士的原因。奥地利同瑞士一样，山不高，但是啤酒可口，音乐遗产丰富：萨尔茨堡附近的湖区尤其如此。德国人拥有超强的耐力，他们大多乐于登山，而且喜欢设有路标的山路，尤其是路标随处可见的黑森林和巴伐利亚阿尔卑斯山，因此前来徒步的游客不至于因迷失方向而浪费大量的时间。

斯堪的纳维亚半岛布满了湖泊、山脉与峡湾，但不幸的是，此地可供徒步的季节十分短暂。在芬兰北部，你可以沿着环绕奥兰卡国家公园著名的远足路线 Karhunkierros 进行徒步，沿途可经过游客中心和各处主要的急流峡谷地带，终点是卢卡旅客中心。如果你喜欢更多的徒步扩展活动，可以考虑较长的 Susitaival 和 Karhunpolku 路线，这两个词翻译过来似乎令人毛骨悚然——"狼之路"和"熊之路"。瑞典也有很多长途步道，最受欢迎的就属北方的孔斯莱登，即国王小径。挪威徒步路线的种类更加齐全，其中最特别的景色是沿途错落有致而又庄严的教堂——巨人之家。圣奥拉夫拥有著名的朝圣路线，以奥斯陆为起点，特隆赫姆为终点，其风景恰到好处地融合进历史的氛围中。

我已经提及了 11 条长途徒步旅行的路线，它们每一条都有各自的特点，精彩纷呈、引人入胜，从爱沙尼亚到葡萄牙、瑞典和希腊，它们纵横交错地散布在欧洲大陆的土地上，你将感受到跨国境旅行的欣喜。在勃朗峰之行中，只需短短的几天时间，你便能如愿以偿地体验三个国家的文明与繁荣。

东欧与中亚

东欧同西欧一样，拥有历史悠久的步行小道，这里的国家随着经济的发展逐渐变得更加都市化，所以人们对休闲式徒步的兴趣日益浓厚。在阿尔卑斯山所延伸的斯洛文尼亚地区，坐落着一座座精巧的小屋，我们可以把旅行目标锁定在这类僻静而安谧的地区，当然我们在出发前可以买到相关的英文指南手册。捷克共和国有一片可供探索的大草地，而东部的摩拉维亚和中西部的波西米亚则坐落着很多风华古堡。如果你看过沃纳·赫佐格版本或 F. W. 穆尔瑙版本的《吸血鬼诺斯费拉图》，你绝对会迫不及待地想去特兰西瓦尼亚徒步，因为斯洛伐克海拔甚高的塔特拉山的景色特别像剧中喀尔巴阡山脉的一部分，它阴森幽暗，使人触目惊心。去罗马尼亚的喀尔巴阡山脉行走是一件惬意的事，当然你也可以作小小的变动，转为沿着村落徒步。再往南去，就是保加利亚了，你可以在冰川雕刻的皮林山脉里沿着一个个精巧别致的小屋前行，一路上还能参观很多僻静的寺院。目前，土耳其有两种官方的徒步路径，路途中不仅有很多古人定居的遗址，也有一些现今的村庄。然而土耳其东北部的卡恰卡尔山脉混住着许多种族群落，这里是通向村庄的重要山口。

尽管一些营办商受利益的驱动冒险跃进吉尔吉斯斯坦、蒙古和其他更远的地区，可中东地区并不都适合独行者。但如果条件允许，我们可以去蒙古西部的阿尔泰山脉进行探险，前提是联系当地的徒步旅行公司，当地的骆驼也是必需的后援。喜马拉雅山无疑是众人向往的圣地，它是世界上最年轻、海拔最高的山，长久以来一直是朝圣者最终的目的地。尼泊尔、印度、巴基斯坦、不丹、锡金和中国西藏等地都有徒步旅行组织，我们能从那里得到很多必要的帮助。在尼泊尔，徒步旅行者最可能的停留地就是旅馆或茶馆；而在其他区域，不管你是一个人还是组队外出，也许都需要宿营。很多国家明文规定，徒步者需要办理许可证才可旅行。为了控制游客的人数，政府往往将这项收费抬得很高。在不丹，只有已注册的公司才有资格组织徒步旅行。除了让人肃然起敬的景观，在喜马拉雅山徒步者会感受到截然不同的文化——山间点缀着定居点，每一块平坦的地方以及一些不那么平坦的地方都建有这种玲珑的定居点。附近的居民对游客极为友善，你还有机会参观佛教的寺院，或者喝蒸馏米酒①，他们的热情冲淡了喜马拉雅山的严寒，让你感到些许暖意。

澳大利亚与亚洲其他地区

澳大利亚是最古老的大陆，地广人稀，徒步旅行的难度系数较高。徒步者不但可以选择拉勒平塔路径进行自给自足式的旅行，还可以穿越比布蒙路径上参天而幽静的树林。在卡那封峡谷，你可以欣赏到古老的土著岩石艺术，而澳大利亚西部的金伯利，其峡谷之险峻使人惊恐失色。在弗林德斯和麦克唐奈

---

① 当地人称为 rakshi，是一种纽瓦丽风味的蒸馏米酒。

等低山区，有许多逶迤的小径，但类似于澳大利亚阿尔卑斯山这样海拔较高的山脉，只坐落着以前牲畜贩子搭建的一些小茅屋，它们后来成为了为游客遮风挡雨的地方。很多人喜欢沿着澳大利亚漫长的海滨漫步。除此之外，昆士兰州东北部的欣钦布鲁克岛不仅有美丽的海岸风景，还长有茂密的森林，现辟为国家公园，以瀑布和山洞闻名。岛上另有鲍恩山、迪亚曼蒂纳山和塞姆山，地势崎岖而陡峭。在悉尼附近的蓝山①或者位于西北部更远的沃伦邦格尔山，设有大量的步行小路。如果你去过塔斯马尼亚岛，你会意想不到地发现那些徒步者庇护所居然建造在山区、海滨甚至深林里。最后，陆上徒步小路也是澳大利亚最值得尝试的地方。

　　新西兰的景观错落有致、紧凑集中，这个国家拥有许多徒步组织，因此大大小小的住所数以百计。新西兰还设有九大徒步路线，比如路特本步道、米尔福德步道、亚伯塔斯曼海岸路径等。到目前为止，我最喜欢沿着雷斯河的起源地一直走到达特河下游区域（然而它却不属于九大徒步路线，可能因为沿途的住宿设施太过简陋）。

---

　　① 蓝山坐落于新南威尔士州，与悉尼市接壤，其丘陵起始于堪培拉西面50公里处，从内皮恩河西岸延伸到科克斯河西岸。

巴布亚新几内亚位于赤道附近，科科达小径历史悠久，很多专业徒步者都听说过，因为科科达小径是一条十分难走的徒步路径，通常情况下泥泞不堪，徒步者不光体力消耗大，有时候甚至还需借助工具前进。

再往东，赤道附近的婆罗洲炎热而潮湿，你可以在此地享受一次热带雨林的生命之旅（行走期间应小心水蛭钻进皮肤吸噬血液）。这里动植物种类繁多，有大花草、猩猩、云豹、犀牛和罕见的昆虫等。你可以在长屋①内休息过夜，体验其古老的风韵，也可以前去跋涉东南亚最高的山峰基纳巴卢山。在泰国、越南和老挝，你也可以亲自感受热带雨林气候，这三个国家群山的海拔较低，山村部落风韵古朴、极具特色。当地人在赶集那天打扮得神采奕奕，充满了活力，你应该十分喜欢这里的人文风光。番西邦峰是越南境内黄连山脉的主峰，海拔3 143米，是越南乃至整个印度支那半岛的第一高峰。所以说，攀爬番西邦峰是一个体力活，你需要作好充足的前期准备。再往北去，便是中国境内的云南省，那里有惊世骇俗的梅里雪山，平均海拔在6 000米以上的山峰就有13座，被

---

①　长屋往往沿河而建，因地势不同，有的呈一字形，外观整齐，有的蜿蜒起伏，连绵成片。长屋短则数十米，长则超过百米，与优美的自然环境融为一体，是马来西亚特有的人文景观。

中国人称为"太子十三峰"。而主峰卡瓦格博峰海拔高达
6 740米，是云南省第一高峰，值得一去。中国这个辽阔而多
样化的国家拥有数不胜数的美景，徒步者可以专门在中国进
行一次难忘的旅行。

倘若你想远离喧闹纷杂的城市，去幽静的世外桃源，我极
力推荐日本这个国家。因为多山的日本拥有各种各样的国家公
园，道路设施完善而健全，其中最引人注目的是本州岛中心区
的日高山脉。在偏远的北海道，你可以在知床半岛的野火山上
徒步，欣赏脚下那些惊人的大地残骸。京都是一个充满文明的
古城，以神社、佛阁等历史建筑物、庭院、绘画为代表，被称
为"千年古都"。如果你想了解日本沧海桑田的文化，可以沿
着封建时期建造的道路漫步，你不仅能够感触到日本后期迅猛
的发展，当地人的热情好客也会使你逐渐喜欢上这个传统的
国家。

北美洲

北美洲位于西半球北部，东濒大西洋，西临太平洋，北接
北冰洋，南以巴拿马运河为界与南美洲相分。其森林面积庞大
无比，约占世界森林总面积的18％，因此广袤的北美洲似乎与

户外活动有一种不解之缘。这里物产丰富、土地肥沃，是野生植物生长的天国，国家公园里有大大小小纯天然的景观。枝繁叶茂的植物仿佛抹掉了北美洲的边境线，然而这些天然的屏障也给你的越境行为增添了很大的困难。北美洲大陆上纵横贯穿着许多步行小径，但如果想征服它们，你必须发挥开拓者的精神，备足各种露营装备。夜间，你需时时刻刻保持警惕，因为潜行觅食的黑熊可能会把你当成美味的晚餐。偶尔，你可以幸运地发现为数不多的小屋，它们往往给当地的猎人、渔翁、牛仔或前来观光徒步的行者提供简单的膳食或住宿。除此之外，阿巴拉契亚山脉俱乐部专为徒步人员设置了庇护所，加拿大高山俱乐部的庇护所建在艾伯塔国家公园和不列颠哥伦比亚国家公园里——不要光凭字面意思想象这两处庇护所的距离，它们实际相隔不远。在北美洲的其他地方，你也可以享受自助式的徒步乐趣。同时，当地的运营商通常会给你的野外冒险提供必要的帮助，比如用交通工具运输行李，为你每一天的徒步供给充足的食物和水。

令徒步者稍感慰藉的是，他们往往能独自在北美洲找到大量集中的步行区域。总的来看，西部地区的路径特别多，因为世界各地的游客都奔向此地，想要亲眼目睹那些美不胜收的自然奇景。约塞米蒂国家公园位于加利福尼亚州东部的内华达山脉，那里的自然风光深受早期环保主义者约翰·缪尔的喜爱。约塞米蒂山谷是该国家公园的一大亮点，它在上一次冰河时期被冰川覆盖，山谷大体呈U字形，两旁峭壁上随处可见由冰川切削过的痕迹。山谷挂满了瀑布，银色的瀑布一泻千里，十分壮观。小时候我和家人一起在这里进行了为期数天的徒步，约塞米蒂国家公园给我留下了刻骨铭心的记忆。在我印象最深处，约塞米蒂山谷、锡安国家公园和布莱斯峡谷国家公园的景色真是太美了，它们无与伦比，凸显了大自然最真切的风格。北美洲西部的大峡谷是另一处风景名胜之地，你可以沿着水平的环道漫步，一览那些叹为观止的景色，或者可以尝试寻找不同的路径，最终下到大峡谷的底部展开探索活动。你还可以去怀俄明州的大特顿国家公园尝试攀登南部的落基山脉，那里的群山和小径不像黄石国家公园那样密集拥挤。另外值得一提的是，阿拉斯加州的小路繁多而密集，安克雷奇和朱诺附近的景色十分独特，徒步者比较偏爱当地的风景和文化。

在美国的东部，阿迪朗达克山脉和怀特山（怀特山上建有很多供徒步者留宿的小屋）上有一些路况尚好的行人径。北美洲的北国之路目前正在开发中，今后那里的风景名胜将给我们带来与众不同的感受。

　　加拿大有三大国家公园，它们分别是贾斯珀国家公园、班夫国家公园和优鹤国家公园，那里山青水绿、鸟歌兽欢，呈现出一派原始生态之景。走在路况尚好的步道上，与身旁的自然景致融为一体，优哉游哉。我们在加拿大也可以体验海岸之旅，比较著名的有温哥华岛的西海岸之旅、新斯科舍省的财富之路。新斯科舍省是早期欧洲移民在加拿大的登陆点，也是历史上英法殖民者利益争夺的焦点地之一，所以我们不难在新斯科舍省发现苏格兰、法国和爱尔兰的移民者曾经遗留下来的传统文化。

南美洲

　　南美洲分布着世界上每一种气候带，从热带雨林气候、热带干旱与半干旱气候，一直到高山气候等，这是由于地形各异而多变的缘故，但大部分地区仍以热带雨林和热带草原气候为主。南美洲的文化具有多元性和很强的融合性：阿根廷的民族性和自有文化起源于印加文化，但在南美洲，阿根廷人实际上固执地保持着欧洲的生活习惯，因此他们的文化处处显示着欧化的风格；然而秘鲁和玻利维亚拥有悠远辉煌的古代文明和别具美丽的文化遗产，在那里盛行远古的土著文化，古韵十足。

为了帮助徒步者保管和运送行李，很多地区都提供驮畜和车辆等辅助工具。近年来，因全球气候变暖，巴塔哥尼亚冰川的融化速度愈来愈快，成为世界各地游客想要赶紧去的地方，适宜造访的季节是南半球的夏季——11 月至次年 2 月，这时的平均气温约 10 到 17 摄氏度。当地政府在安全的地域建起了人行步道，然而冰川附近没有住宿区，但托雷德裴恩国家公园和菲茨罗伊花岗岩山（它们都被我列在了旅行清单里，不久的将来我便要一一完成在这些地方的徒步）都设有旅客的留宿地。在南美洲，有一些小径穿越了壮观的安第斯山脉，一路通向北方，甚至抵达玻利维亚、秘鲁和厄瓜多尔。在这些步道里，最有名的就属印加古道了。印加古道全长 2 000 公里～3 000 公里，是当时统治者传达政令、印加人生产生活和进行贸易的交通动脉，其大部分古道在秘鲁境内。它一直是世界上最神秘的地方之一，高山连绵，保存完好。印加古道随着地形逐渐上升，穿过茂密的热带雨林，最终抵达隐没在山巅的马丘比丘。但是现在，当地为了保护印加古道古老的遗迹，开始限制游客的数量，近年来有一些路径也不再开放了。如果你执意想品味这里的古香古色，沿着其他的步行路径也可以到达这里。倘若你喜欢更加艰难的"自虐式"徒步，你可以选择贯穿布兰卡山脉和华玉史山脉的小径行走，这条路还穿过了秘鲁安第斯山脉的绝大部分区域。许多徒步旅行公司还提供委内瑞拉桌山的丛林之旅。另外，在巴西的希夏-希帕尔恩自然保护区，你有可能会遇到巨型水獭、嚎叫的猴子和巨大的水蟒，请提防这些危险而生猛的动物。

非洲与中东

非洲的南部有很多传统的小径，但有些小径是被禁止行走的，因为它们穿越了私人的土地。南非有许多著名的徒步小路，那些沿路的小屋也吸引前来远足的人入住（1980 年出版的一本旅行指南，列出了分别适合"白人"和"有色人种"居住的地方）。在这些众多的选择里，最具有挑战性的就属德拉肯斯山脉，登山者必须穿越纳米比亚艰险而壮观的鱼河峡谷。或者去南非开普敦的葡萄园，进行一次浪漫而悠然的漫步。我的小侄子阿尔刚刚从马达加斯加大岛之游返回，他兴致勃勃地在校园里给同龄的小朋友讲述自己露营的故事（幼儿园的操场上围满了孩子们，他们似乎乐于充当我侄子的忠实听众），绘声绘色地描述他所看到的那些变色龙和狐猴。我们再回到大陆探险的话题，非洲中部的乞力马扎罗山适合攀爬，它是世界上海拔最高的独立山峰。或者，你也许会喜欢中等水平的长途跋涉，比如攀登肯尼亚山①和乌干达的鲁文佐里山，路途亦崎岖而艰险，充满了挑战和刺激。在整个非洲大陆，你会惊奇地发现，马里多贡人②的悬崖旁散落着约 400 个村庄，这些多贡人是 700 年前涌入西非的穆斯林中被人遗忘的一支。岁月流逝，独特的地理环境和古老神秘的文化紧密和谐地融合为一体。在遥远的北方，你有可能路过柏柏尔人的村落，它们点缀在摩洛哥的高阿特拉斯山间，柏柏尔人常年在山区耕种、放牧。约旦和伊朗的村庄最具特色，它们清一色地用岩石建造，因此最好徒步游览这两个国度。需要的话，可以提前向徒步机构寻求帮助。这里的风光太富有特色，你将在探索中收获一次又一次的惊喜。

面对世界这么多怡人的景致，你可能眼花缭乱，不知如何作出选择，那么请记住以下几点：首先，这次旅行并不是你一生中唯一一次出游，不要因为放弃了其他地方而感到遗憾。其

---

① 肯尼亚山是非洲第二高峰，横跨赤道，海拔 5 199 米。

② 多贡人以耕种和游牧为主，生活艰难贫苦，大多数人还居住在山洞里。他们没有文字，只凭口授来传述知识。

次，每个人的口味和心态都有所不同，因此应该先确定你心中最喜欢的是什么风景，慎重地作出选择，以免后悔。最后，请记住澳大利亚丛林徒步者帕迪·帕林的话："只有对于那些我尚未尝试的旅行，我才会感到些许遗憾。"

6. 制定行程

罗伯特·德赛是一位作家、采访家、翻译家和播音员。他的艺术作品以信仰、性行为、语言和旅行为主题。旅行经验颇为丰富的德赛给我们提了一些有趣的建议：

我们往往更操心去哪里，而不是大费心思地计划行程。在旅行中，我们喜欢用拍照的方式记录下旅途中的一点一滴，归来后喋喋不休地向亲友们描述旅途中的所见所闻。其实一般情况下，他们都不想听你无休止的诉说，除非他们在为自己的旅途作准备，接着也许和你一样想拿着相机"咔嚓咔嚓"地把异地的美景记录下来，并在归来之后对他人讲述同样的感受。

在此，我没有质疑这种行为的真实性，拍照对你来说未必重要。只要我们不在"去哪里？"这个问题上花费太多的时间，当你最大限度地将自己投入到旅行的乐趣中时，你会不会觉得拍照很浪费时间？我将会在本书的最后讲述旅行中有关摄影的行为，但在这一章的内容里，我主要强调制定徒步旅行计划的重要性。它将给我们带来无穷的乐趣，这种乐趣来自很多方面：你的任务就是把无限的世界进行缩小，查阅地图和旅行指南，寻找所需的交通模式，将地图细分并整合，做相应的笔记，经过研究，评估什么是可行的，最后收拾好行李准备出发——这将是多么有趣啊，我会在下一章里进行详细说明。这些所有的准备工作都是徒步旅行环节里重要的组成部分，不容忽视。

有人会质疑我的计划方法，认为它太呆板、太局限，没有给自发性的探险活动留有足够的变通空间。然而过多的随意性可能导致那些喜欢冒险并对我持批评态度的读者不慎走失，身困大山，继而进退两难，所以我提倡按计划行事，尽量避免草率行事所造成的恶果。如果你能为接下来的徒步旅行留出三个月时间，我认为你必须为此作出规划。对于我个人来说，我可不想浪费生命，把大量的时间花在等待每三天才发一趟车的公车上（我们曾经确实遭遇过类似的事情。由于看错了法国列车的时刻表，我们在站台傻傻地等候许久也没有看见火车进站，最终又错过了刚刚开走的汽车，而汽车竟然是每三天才一趟。因为没有预先计划行程，我们成为唯一在圣奥邦度过数日的旅客，而且只能留宿在阿尔比勒山区那座单调而乏味的矿业城镇。）所以你应该制定一份旅行计划，同时留出充足的休息时间，让疲乏的身体得到足够的休息。另外，你需要提前知道自己将到达哪一个中转地，并为之作详细的调查，尽可能地把重点放在所要搭乘的交通工具上。

假使你已经明确了徒步的大体方位，随后又专门选择了成套的商业计划，它在很大程度上减轻了做徒步计划的负担，但也减少了徒步的乐趣。倘若你现在正安排旅行行程，那么你必须慎重考虑途中的具体路线、从哪里获取食物、在哪里过夜等细节问题。虽说它们是鸡毛蒜皮的小事，可的确不容忽视；如果你还没有着落的话，应多加打听，必要时利用书籍或网络查询相关的资料。下面，我将帮助经验不足的徒步者提供更详尽的计划方法。

如果你没有选择徒步运营商所提供的完整行程，你就应该决定自己的出发时间和路线种类。为了让这趟旅行更加非凡、更富有乐趣，你还需要收集各种各样的资料，弄清楚哪里最适合居住，这样你才能够草拟一份为期数日的行程表。最近，我和朋友们刚刚结束了一次旅行。在此之前，我们制定了一份十分详尽的计划，并记录下每天应走的路程和攀登的高度，随同我们前行的是当地的后勤保障车队，以备有人走不动或不想走时搭乘。卡伦对暴风雪是莫名地反感，她从气象局那里得知将会有暴风雪后，毅然地选择乘坐运输工具。所以说，学会利用信息的好处很大，它可以使你避免遭受旅途中突发的困扰。

在本章的最后，我将会向你讲述我们在另一条路线上遇到的状况。俗话说："计划赶不上变化"，这是说你并不能每次都自始至终地实行定好的计划。在这则例子中，我们积极地应对了不测，结局皆大欢喜。

路线的种类

从最早期的登山俱乐部开始，比如高山俱乐部，就已出现两种类型的登山者。其中一拨人选择住宿在小村子里，他们总是外出探险，喜欢征服不同的山峰，等他们完成了登山的任务，便又在夜间回到同一家酒店休息。这些人称自己是"中立派"。而"非中立派"的徒步者则会携带更多的装备，他们长途跋涉，沿途攀登侧峰，但是请大家仔细想想，19世纪的登山装备十分落后，那时的绳索可比现在的重好几倍！但这两种徒步方法到目前为止仍然适用。

徒步基地

"中立派"的徒步者需要提前选择一个日行的出发基地，这种做法有很多优点。其最明显的好处在于可以随意装卸行李，让每天的背包轻巧而实用。你可以把基地定在一座村庄、一户农场、一家旅舍或一个露营地，但附近必须有四通八达的道路，确保你每天傍晚能够从不同的地方归来。可以先乘坐某种交通工具抵达终点，再根据自己的兴趣挑选其中的一条路走回基地。你若不擅长估量徒步的距离，或者不确信自己能否胜任这种消耗体力的运动，这种办法对你来说是个不错的选择，它亦适合于初出茅庐的徒步新手。

在天气变幻无常的山区，留宿于中心基地的确是一个好主意；如果预报的天气情况较差，你可以待在基地，用一本好书消磨时光，等到天气转晴后再决定外出。（莱斯利·斯蒂芬爵士将攀爬瑞士阿尔卑斯山罗斯霍恩的经历作了详细的记录，其中描述了他们所住的旅店，就连沙发的样子他也丝毫不落地写了下来："我们觉得 M. 埃皮奈的文章十分不妥，因为他记录的事实完全不符合我们的遭遇，我们在这里可是三天都无事可做。"）一般硬件设施较好的徒步基地会配有一些必不可缺的运输设施——班车、缆索路、缆车，等等。这些设施通常设在山谷间的汇合处，为徒步者开辟了更多返回基地的路径。如果想在山谷里展开一次难度较大的徒步，在此之前最好查询当日的天气预报，确保安全出游。只要学会安排，"难事"就可以化为"易事"。

我们喜欢长期停留在像比利牛斯国家公园附近的科特雷镇、多洛米蒂山脚下的科尔蒂纳丹佩佐市、大帕拉迪索山附近的科涅镇，以及瑞士伯尔尼阿尔卑斯山旁的劳特布隆嫩小镇这样的山区乡镇里。而类似于奥地利萨尔茨卡默古特湖的哈尔施塔特村、法国瓦努瓦兹的阿尔克河畔博讷瓦勒村同样给人以安静而惬意的感觉。那里提供的补给和镇子里的相差不大，十分充足。在北美，冰川或者黄石国家公园里的旅馆也可以成为你的基地。

如果想远离山区，你可以选择一些地势较为平坦的地方作为徒步基地。它们大都显而易见，不像山区的基地那样隐蔽。比如在意大利的五渔村，你很容易就能找到位于蒙特罗索的徒步基地。在澳大利亚，你可以将自己的队伍派驻到蓝山的卡通巴，但是追求完美的澳大利亚人总是在国家公园里设置露营地。

远足路线

美国人把从 A 地走到 B 地这种随着位移而改变驻扎基地的徒步称为"完全徒步"。"完全徒步"的装备少不了一个能够装下你所需物品的大背包，不要嫌它庞大笨重，因为它确实能赋予你一种奔向目的地的使命感。长话短说，大背包的确给你的旅行减少了不少麻烦。倘若胜利凯旋，你一定会向朋友们炫耀它功不可没："我们背着沉重的背包从沙莫尼走到了采尔马特"，这句话听起来肯定比"我们在瑞士的阿尔卑斯山里游荡"要神气很多。

当然，如果你选择的那片土地景色单一、缺乏魅力，想必从 A 地到 B 地的途中便不会有太多的停驻点（对于从 A 地出发再返回到 A 地这种环游也是一样的道理）。为了确保沿途可以看到应接不暇的景色，你应该选择既定的公众认可的"远足路线"。它们几乎都有固定的名称：比如英国的科茨沃尔德路径、新西兰的米尔福德步行道和南非的水獭小径。假如你愿意作一些额外而更具个性的规划，可以仔细研究地图，找出你感兴趣的每一条小路，再把现有的路径连接起来，最终组合成一条适合自己的远足路线。经过大胆的实践，如果这条合成的路线确实可行，你可以给它起一个同样了不起的名字："普罗旺斯之游"或者"西方峡湾步道"。

"远足路线"这个术语适用于长达数天的任何徒步旅行，然而它似乎有着更多、更长远的意义。北美的大地上遍布着众多数千公里的步行小道，其中阿巴拉契亚山道（3 460 公里）和太平洋山脊步道（4 260 公里）名声较大。在欧洲，你可以选择由北海走到地中海、由波罗的海走到亚得里亚海，或者沿着其他徒步小道游历各国。据推测，这些宏伟的路线一般途经多处山谷和洼地，地势时高时低、时险时缓，因此对徒步者的体力、耐力和意志力都是极大的挑战。当你的体能和心理状态达到极限的时候，你甚至需要凭借强大的毅力使自己渡过难关。尽管如此，我们有时会遇到"完美主义的"伙伴，他们总是认为自己拼命跋涉的距离和最后的成功成正比，但我不提倡这样做，毕竟徒步旅行这项活动的先决条件是为了健康和快乐，我们不能鲁莽地伤身折命。我 80 岁的老父亲曾经同我一起去英国进行为时一周的徒步旅行，但精疲力竭的他拒绝搭乘当地的公共汽车返回。当时我十分担心他的身体状况，毕竟他已一把年纪，能否承受得住如此超负荷的运动是个很大的问题。后来，他执意走到里奇韦，这让我一路上都提心吊胆。

有的徒步者以一段完整的远足路线为目标，利用每一个暑期走完其中的一段路。这种做法是可行的，但前提是你所选择的目标和住处相隔不远。如果它位于世界的另一端，为了节省时间和开支，你最好选择其中比较有趣的路段。我特别喜欢苏格兰高地的下半段路线，其次是法国与孔波斯特拉之间的勒皮古镇至孔克村路段。去买一本与远足路线有关的指南吧，它将引导你度过最有意思的旅行生涯。（书中描述的某些路线不仅历史悠久，有时还穿越高尔夫球场或者新兴的开发区。根据自身的条件作出适当的调整，如果你想去体验不息的文明与科技，可以把路线的重点转向现代化的区域。）

说完了单程路线，该谈一谈环形的穿越路线了。这类路线的好处就是你可以乘车回到出发地，或者将多余的行李寄放在起点（也是终点）。通常徒步者把火车站和汽车站作为环形游的起点。随着安全防护措施的加强，酒店也是一个不错的行李保管地。你如果将行李寄放在某地，别忘了在标签上写明姓名和存取日期，要不然有些人就会把它们当成恐怖分子投放的炸弹。

走多远和多久

维多利亚时代的早期就出现了庞大的徒步群体。G. M. 特里维廉认为，当一个人"行走了 25 公里后"，他就能感受到生命被强化的瞬间。你恐怕会情不自禁地说：这个也未免太容易了！可是请你仔细想想：你到底是慢走还是疾走？是走一天还是坚持好多天？一路上，有的人想慢慢闲逛消磨时间，只看重"自己在哪里"；而有的人相反，他们更喜欢快节奏的走路。也许理智的你不会选择上述两种极端的方式，而更喜欢用半天的时间徒步，把剩下的时间花在村庄或山间那美丽如画的景致中，或者在下午放松地阅读一本好书。但你的想法不一定对所有人都适用：只有在极少数情况下，我们才能提前到达预定的目的地，而在抵达目的地放下沉重的背包后，还必须权衡次日徒步的计划，作一些实地考察或修改。

另一个需要明确的事项是你所打算徒步的天数。在你早期的徒步生涯里（你很可能会一生都爱上这种活动！），你应该把以一星期为一个周期的徒步旅行视为一种漫长而艰巨的步行任务，但随着你徒步次数的增多，这种艰巨感将很快消失。而后每一天的行走就变成了一种自我记忆的永存，它就像节拍一样不断地激励着你。如果你正在进行一段远足，一定要学会分解计划中的距离（把思考重心放在估计需要行走的天数上，而不应单纯地讲求距离），一步一个脚印，把它逐步分次完成。至于以后，对于相同长度的路程，你可以尝试减少所用的天数。

按理来说，我们想通过徒步旅行完善自己的身心健康，可如果面临这种高强度的运动，不免受制于紧凑的时间。因此我们应学会在走路的同时放松，将身体调节得更加自在与从容：每一次徒步旅行刚开始的几天都会异常艰难，因为我们身体的各方面机能都没有得到很好的适应。有些人可能无法克服这段最辛苦劳累的时段，很容易放弃接下来的行程，但每个人都不想自己之前所做的种种努力都白白泡汤。那么，最好的办法就是休息，专门选下雨或多风的天气在某个景区好好放松一番。要是天气尚好，你可以选择悠闲的散步，这样能让身体最大限度地得以恢复。利用这天时间，去洗洗脏衣服，购买一些食物，给家人打电话沟通沟通感情，必要时预定下一个目的地的住宿房间，你可以在这一天处理很多琐碎而必须去做的事情。

经过在"研究之旅"中不断实践，我发现我理想的徒步时间是六个星期；经过六个星期的磨合后，我身体的各个部分开始互相融合，这种感觉真是太美妙了。但大多数人都需要履行和承担社会的义务和责任，一般不可能享受两周或四周的假期。在有限的假期里，你也许只满足于走一部分的路程。但如果你有幸获得更多的时间，那你完全可以从容地计划一次长途旅行：去欧洲的葡萄园走沿海线路，或者穿越秘鲁的丛林和群山，或者体验一次混合地形的徒步行。每一个地方听起来都精彩纷呈，相信你已经迫不及待了。但别总想"一口吃成个胖子"，请根据自身条件慎重定夺，太冒险或太远的徒步游都是不可取的。停下来休息时，多和亲朋好友们联系联系，说不准有谁愿意用洗衣机帮你洗带回的脏衣服，那真是一举两得啊。

何时出发

虽然徒步者比一般的旅行者有更多的机会亲近自然，然而我们必须比他们考虑更多的因素：有利的天气条件，尤其是考虑哪些季节适合徒步。如果繁忙的你一年中仅能抽出少许固定的时间，那就更应该"精挑细选"地选择合适的目的地；如果有充足而灵活的外出时间，你就能够更加自由地选择了。

对于世界大部分地区来说，春天与秋天当然是最适合徒步的季节。然而一些地方亘古以来就十分炎热（比如赤道附近），你可以等到冬天再出发。为了避开炎炎的夏日，许多澳大利亚人喜欢盛夏时日前往清风习习的海岸避暑或徒步，而这也是去新西兰的最佳时节。欧洲的群山常常白雪皑皑，海拔愈高的地方雪就愈厚，所以一些高档旅店只在7月至9月中旬对外开放。我们曾在6月中下旬开始勃朗峰之旅，幸好当地的旅店在我们抵达之日就已开始营业，我们特别满足地享受着里面豪华的"架子床"。受季风影响，去尼泊尔的徒步时间最好在10月至次年4月之间，而非洲中部的最佳徒步时间是在12月至次年3月，或者6月至9月之间。必要时，可以研究一下徒步机构给出的建议：它们不仅能提供安静的路线，还能为你抵达目的地制作出最佳的时间分配方案。

学校的寒暑假和旅游高峰季节不一定适合出去徒步旅行，因为这个时候景点人流量大，景区的住宿处不仅难寻，费用也比淡季昂贵。如果你喜欢独住，应避开周末和节假日，也不要走太著名的度假路线，否则你会被比肩继踵的人群吓跑。要是可能的话——趁着全世界的人都坐在电视机前观看奥运会或者其他大型娱乐节目，赶快收拾行李出发吧。有的著名景区确实令人无法抗拒，但最好不要选择周六动身，因为大多数人都抱有同样的想法。此外，应了解各类宗教的节假日，例如基督教有圣诞节，伊斯兰教有 开斋节。总而言之，节日通常会吸引大批游客去各处旅行（坏事情），但是它却增加了人们对外出活动的兴趣（好事情）。我们曾经赶上了法国弗洛拉克的汤节，在众人蜂拥的道路上，我们跌跌撞撞地穿过了意大利阿尔卑斯山的科涅。最后到达的人要进行一场比赛：用斗牛杖将怀崽的母牛赶至划定的区域；而作为先到的佼佼者，我们被奖赏喝了一大碗汤。

野花盛开，鸟语花香，处处都是生气勃勃的景象，大多数国家都适合春天去旅行。如果你喜欢秋日纷纷扬扬的落叶，还有那五彩缤纷的果实，温带地区将会令你大饱眼福，鹅黄色的乔木世界，预示着收获，预示着人类辛劳的成果。在选择长期徒步之前，查一查当地的白昼时间。最后，还要精打细算，了解航空公司的飞行时间和价格调整；剩下的事情就是背着包去感受五彩缤纷的大自然了。

收集信息

你已经决定了去哪里、用什么方式去，以及何时出发。你也从德赛那里听说了他旅行归来的故事，得知一些有趣的路径和地方。参照一些旅行指南，你学会如何选择目的地，考虑当地的文化、历史、自然特征和动植物种类等因素。想在出发前每个都看一遍，但是直到你回来也没有看。现在你还需要挖掘更多可用的信息，以解决实际问题，比如查询徒步的道路网络，从哪里获取食物和水，住在何处，以及来回的交通运输细节等。对此，你必须有一份地图和航空/列车/长途汽车时刻表。

很多游客对各国的旅游局抱有很大的希望，天真地认为可以从那里得到切实可行的帮助。可不幸的是，大多数旅游局所提供的信息几乎只能解决膳宿问题，完全不能满足徒步者对于路线和步道信息的需求。其原因在于他们服务的对象是大众旅客，因而信息量不能满足专业的徒步者。我有朋友曾在旅游局花了冤枉钱，他对那里工作人员的服务态度很不满意：他们从上到下打量你，瞥一眼你粘满污泥的靴子，瞟一眼你手中破旧不堪的水壶，然后很不屑地回答你的问题。经过一番掂量，他们断定你肯定舍不得把钱挥霍在奢华的星级酒店，也不会享受景区昂贵的水疗服务，于是便盛气凌人地跟你说话，那感觉真是糟糕透了！但也有一些特别意外的情况，如果你有幸遇见了同样热爱徒步的工作人员，便可以从他那里淘来一本罕见的当地徒步旅游手册，里面可能有大大小小的徒步路径，这正是"踏破铁鞋无觅处，得来全不费工夫"！如果你真的这样幸运，不要忘了离开时向他报以"友爱之吻"，最起码应该诚挚地感谢一番。

路径记录

官方网站对于国家公园或自然保护区的描述比较准确、客观和全面，它涵盖详细且确凿的信息，包括景区的历史背景、地理地质、动植物资源、生态环境等条目。如果你举棋不定，首先不妨去浏览那些最权威、最具公信力的景区官网。（要是你不会上网，或者受条件限制无法上网的话，可以直接阅读本书的第11章。）新西兰的徒步道路受自然保护部门的监管，政府为徒步者开办了一个十分实用的网站，提供地图、出游时间和网上订房服务。要去某些国家徒步的话，你不仅需要办理签证等入境手续，还需要另外办理进入公园徒步的许可证。

互联网的存在给众多的徒步者带来了福音。很多网站为之提供远足目录，并和世界各地的徒步网站保持链接。一些远足路径甚至有自己专用的网站，这不仅有助于促进步道设施的完善，而且能提供在各个路段如何走近路的信息。举些例子，英国海岸之行、苏格兰高地之路、欧洲勃朗峰和秘鲁的印加古道之旅都开设了专门的网站。当你按名称搜索时，你会发现网上有大量徒步爱好者留下的信息。有的详细而精彩，有的空洞而无味，你可以根据自己的需求选择阅读。有的国家拥有悠久的徒步文化，它们大都建立了全国性的徒步组织，比如英国的漫步者。这些机构和登山俱乐部具有相同的性质，它们建立网站、提供有用的道路信息，并进一步提供其他网站的链接。在本书的最后，我为读者们总结了一些互联网网站，其中大部分都有英译版，但法国FFRP徒步机构的网站只有法语版。

互联网给我们提供了学习徒步知识、交流心得体会的互动平台，但我仍喜欢通过书籍查阅资料，因为我十分尊重作者们辛勤努力的成果。目前有很多出版英文徒步旅行指南的出版公司：导游出版社出版了某些区域的旅行指南，它在欧洲的发行量很大；孤独星球出版社出版了不同国家的旅游系列丛书，受到背包客及其他低消费旅游者的广泛关注；开拓者出版社的指南书籍主要针对世界各地经典的徒步区域和路线进行描述，书中还配有地图，对我们用处很大。法国的FFRP徒步机构内部印制了法国徒步路线的详细指南，但没有英译版。这些旅行指南能够为我们建议路线，估计步行的时间，总结住宿点的分布，并提供详细的路径记录。我可以保证，书里的信息绝对可靠无误，但你应注意它们的出版日期，不要选择出版时间太早且信息过时的书籍。

用地图定位

虽然大幅的地图方便你概观一个国家或地区的地理形态，但是你无法获得详细的徒步信息。假如你现在走在一条有官方标记的路线上，你可以通过手中的地图得知周围都会有哪些重要的场所，前方将抵达何地。如果确保地图上标记了你想走的路段，你可以尝试去市中心游逛，那么最理想的地图比例为1：25 000；如果你打算进行一次远足游，可以选择1：50 000比例的地图（甚至需要准备许多份不同地区的地图）。

请尽快熟悉手中的地图，越早越好，使用时切忌张冠李戴。我有个朋友曾经在阿根廷的首都布宜诺斯艾利斯市徒步了一整天，结果不知怎么来到了军区服务厅，后来他才发现自己拿错了地图，手中拿的居然是南美巴塔哥尼亚的地图！很多城市都有销售地图的商店，里面出售不同种类的旅游地图。另外，我在书的后面列了几家出售地图的网站，你可以浏览它们的页面（或者你可以直接去国家测绘局订购）。不过你也可以从朋友那里借，前提是他们有你想要的地图。有的旅行书有一幅幅详细的地形图，使得单张地图成了多余；它们所提供的线性远足路径十分有用，这样一来，便省去了购买大量地图的额外开销。有的带状地图印有少数热门的路线，为了节省行李空间和经费，你可以选择性地购买。

利用相关的地图，你便能够制定路线，寻找沿途的住所。至于如何进一步使用，我将在第11章说明。

膳宿

假如你不愿搭帐篷露营，想去好好体验一番当地人的殷勤好客，你需要提前了解途中哪里有膳宿地点。我们曾经遭遇过唯一一次决策上的重大失败，当时我们在法国韦科尔高原遇到了膳宿难题。由于约翰拒绝入住一间已烧焦的小屋，我们不得不改变前行路线，一路上饥饿与困倦令人煎熬。但现在韦科尔的旅游环境已经得到了改善：最近有朋友替我买了一份由当地旅游局绘制的韦科尔景区地图，让我非常兴奋。

只要锁定了目标路线，我会首先记下每一处甚至偏僻之处的居住点。接着，根据已掌握的信息，我将绘制一张表格，整理膳宿点、旅游机构、床铺（多人间或单间）、费用、膳食服务、电话和电子邮件等信息。然后通过翻阅书籍或者在互联网上搜索，根据描述筛选出适合我的每一家旅店和小屋，把详细信息填入表格。这是一项需要耐心而且十分细致的工作，所以每次约翰都让我处理。

平时我尽量不在网上订房，因为它们和城镇里其他的旅店相比价格昂贵，且数量有限。当我策划"瑞士徒步路线"的时候，我发现一些沿途的膳宿点仅仅只在当地的徒步旺季营业。经过网上的一番搜索，我决定绕开原路，因为当时那里只有一家集体宿舍开门营业。于是，我们四个人选择了另一条路，夜间入住一座六层高的混凝土塔内，曾经修建大迪克桑斯坝①的工人们夜间也留宿于此塔。所以说，即便你已购买了一本有关

———————————

① 大迪克桑斯坝是世界最高的混凝土重力坝，位于瑞士罗讷河支流迪克桑斯河上，控制流域面积达 357 平方公里，水库总库容 4 亿立方米。工程于 1953 年开工，1962 年建成。

膳宿问题的旅行指南，你也不能完全依赖或听信其中所有的信息，因为每一年的情况都会有所不同，一些旅店可能受季节性的影响而停业，另一些旅店可能已倒闭，而且你往往无法从书中获悉新开业旅店的信息。如果客源不多，收入不佳的话，小屋的主人也可能过早地关门停业。如果你只在网上查到了电子邮件地址，你最好赶快发一封邮件，说明自己的要求。如果你得知膳宿点的联系电话，应在通话过程中记录下有关信息的关键词。请在适当的时间里打电话，应排除时差因素，考虑对方的营业时间，莫影响他人休息。这样，在对方接通电话之后，你便可直击主题。

如果觉得必要的话，你可以预订房间。通常著名景点的游客量较多，在走这些线路时，我会选择提前订房。约翰总认为这种做法太陈旧保守，作为一名冒险者，他不愿意规避任何风险。我曾在英国的海岸线之旅中预定了房间，但是约翰觉得这样做减少了新鲜感和刺激感，一路和我争执不休。但当约翰亲眼看到一些路人为了找房而绞尽脑汁，不得不绕道而行时，他才觉得我是明智的。在我们所策划的一些不太知名的路线中，我们按照表格挑选膳宿地点。每日出发之前，要么提前打电话联系下一站的主人家，要么干脆直接登门入住，因为沿途为数不多的旅客对我们不构成威胁。一般而言，我们都不会被迫在外露营，只是一些主人家对我们的到来感到很惊奇。如果你选择在节假日前往较为著名的景区徒步，最明智的做法就是提前订房。有的路线规定必须提前订房，比如新西兰的九大徒步路线，否则你就得在旅游旺季搭帐篷露营。在澳大利亚，为了控制游客数量，防止过度拥挤，陆上路径和大洋路步道的露营地都有类似的规定。

运输工具

在国外的远足徒步期间，出租车从来都没有被列入我们可选的运输工具范围。我们可不像生态斗士那样拥有无畏高昂的斗志，这仅仅是因为我们对路线的方向有很大的争议（有时甚至对一条路线也议论纷纷，因为我们要考虑很多安全因素）。此外，搭乘出租车还会滋生我们的惰性，减少徒步的次数和时间。很多徒步者选择换乘火车或巴士。我们搭乘过邮政巴士（曾经蜷缩在车后一大堆包裹旁）、学校巴士（老式校车通常会排放黑烟，极不环保）、缆车和小型渡轮。我们很容易从互联网上查到铁路线路及时间表，大多数国家都建有国家性的网站。大量地搜集和整理资料之后，下载并打印所有相关的时间表，还要在关键性的地方用笔做标记。如果你想在徒步期间乘坐公共汽车，最好先乘车到达终点，再徒步返回起点。这种方法最可靠，其一是因为你已经大致了解了路线，这样在之后的徒步过程中走错方向的可能性就减少了；其二，它降低了你看错时间表的风险，否则你有可能困在终点，回不到起点；其三，你也不必因担心错过当天最后一班车而急于赶到目的地。如果目的地附近没有公共汽车站，那么出发前应记下附近城镇的的士服务热线，以便搭乘出租车返回。

轻松的旅程

为了做好旅途的日程安排，得坐在电脑前全神贯注地一页一页地搜索有关信息，考虑清楚从出发到返回整个过程中所有的事项，包括旅途细节、住哪里、吃什么，并估计徒步的时间和距离。

作为一名旅行作家，下面我举一个自己几年前徒步的例子。普罗旺斯的韦尔东大峡谷是欧洲最深的峡谷，我们在搜集了一些简单的信息之后，便决定动身去那里徒步。我们的时间不太充裕，而且前期的准备也并不充分，但我们依然怀着好奇心来到了峡谷边……准备继续我们这趟非凡的旅程。我们沿着贯穿峡谷的 GR4 路线徒步，我还把这趟旅程写进了我的第一本书，足足有一章。幸好选择的路线是正确的，我们花费了整整一星期穿越巴伐利亚连绵起伏的丘陵，用五天时间去逛法兰克福书展。最后我们购买了一些书展中的书籍，行李太沉重了，我们真想扔掉随身携带的衣物。普罗旺斯 10 月的阳光格外明媚，于是我们决定抓住这个难得的机会出去走走。当时，我们手头的资料仅有艾伦·卡斯尔的《法国峡谷徒步游》（*Walking the French Gorges*），以及一张绘有 GR4 路线的地图。

第一天　德国到尼斯的铁轨之游。提前预订酒店，存放多余的行李，乘坐松果列车到昂特沃。

当乘车穿过尼斯时，我们发现了一家价格便宜的酒店，它位于火车站附近。我们把行李寄存在一个看起来有点狡诈的经理那里，希望一切正常，不要发生任何意外。窄轨蒸汽机车穿过了壮丽的瓦尔山谷，把我们带到了昂特沃这个可爱的小镇，拿破仑曾在这里构筑防御工事。

第二天　从昂特沃走 GR4 路线抵达索勒海斯，全程 25.5 公里，需步行 9 小时。

这一天比艾伦·卡斯尔预计的还要漫长，但是当地旅游局提供的住宿名单（我们首先考虑当地旅游局提供的信息，其次考虑从互联网搜集的信息）表明，沿途的村子很少有膳宿点。秋天的山冈五彩缤纷，真是好看。我们途经圣坛，最终到达住宿区。这里的房子因阳光的强烈照射而褪色，呈现在我们眼前的是一片白茫茫的景致。为了抵达玲珑的索勒海斯镇，我们必须离开 GR4 主线路，并绕行一小段路程；我们没有预订房间，最终选择入住一家私人小旅店，房东对我们这几个踏着夕阳而来的客人感到不可思议。

第三天 从索勒海斯走到卡斯特拉讷，并抵达高地，全程33 公里，需步行 9 小时。

我们本该用两天时间完成这段路程的，可卡斯特拉讷的确是一个非常有趣的小镇。我们在光顾卡斯特拉讷之前，先爬上高地一览下面的风光。在高地时，我们便赶紧打电话联系卡斯特拉讷的唯一一家旅馆，提前订好床铺。我们欣赏了令人难忘的韦尔东河①景色，同时也品尝了令人回味无穷的野味（野猪肉）。

第四天 从高地出发，穿越拉帕鲁德峡谷，全程 20 公里，徒步 9 小时。

我们把这一天的旅行称为"徒步奇遇记"，沿途的景色犹如美女的容貌让我们惊叹不已。我们把午餐地点定在河岸上，

---

① 韦尔东河发源于阿尔卑斯西南端的普罗旺斯山，由周围山脉的融雪水补给。河流在韦尔东峡谷底部飞速流过，峡谷两侧十分陡峭，许多地方岩壁直立。

偶遇保罗和吉吉，他们曾经和我们一起进行过很多次徒步。他们建议我们在查乐特·德·拉马里恩小镇过夜，该小镇坐落于峡谷的边缘。我们曾误以为此地只对法国山岳俱乐部的成员开放，当然，我们很乐意住在那里。最让我们高兴的是可以少走两个小时的山路，因为我们的体力在这大热天里已经达到了极限。傍晚，我们坐在山间的梯田里，享受着可口的饮料。遥望过去，对面的峡谷在晚霞的映衬下显得多姿多彩，真是美不胜收。

第五天　轻松的一天：在韦尔东峡谷最美的地方森特尔·德拉姆巴特营地徒步。

我们从书中获知，如果水库的上游放水，峡谷将会被封闭。我们索性错开放水的时间，在那里好好享受轻松而美好的一天。

第六天　沿着 GR4 路线走到穆思捷-圣玛丽村，这个村庄建在高耸嶙峋的岩石与峭壁之间。

那天我们走了很长的路，几乎没有按原定的计划进行。待在拉马里恩时，我们发现帕瑟勒·德拉伊斯特勒的人行桥早已被洪水冲毁，我们不得不中止第五天的计划，沿着其他河岸徒步。我们在搭便车时认识了车主埃米尔，我们跟他谈得很投缘，于是便结识了这位新朋友，他也高兴地参加了我们在森特

尔·德拉姆巴特营地的徒步。令我们感到不可思议的是，埃米
尔在这天晚上为我们举行了一次狂欢派对，大家都玩得不亦乐
乎。虽然埃米尔不会说英语，但我仍然为自己在徒步旅行中结
交到这样一位朋友而感到十分快乐。在这畅快的一天即将结束
之时，埃米尔向我们提出去穆思捷的建议，我们为此举杯高呼
（我们的友情全部倾注在手中的法国茴香酒里），也庆祝穿越了
狭窄的河谷。第二天，我们沿着 GR4 路线走回拉帕鲁德，在
第七天乘坐公共汽车返回尼斯。

收集纸质资料

当收集到所有的信息后，你会发现手中握有大量的纸质资
料，包括打印的材料、地图和书籍。这时你需要缩减资料，一
来便于管理，二来便于携带。有些书的内容过于繁杂，你可能
只需要其中某些章节或内容。如果你不想撕毁书籍，那么可以
先大致浏览，根据自己的需求扫描并双面打印，再删除不需要
的部分。有的资料虽然详细地描述了当地的膳宿情况、交通情
况和生态群落特点，但不是用英语讲述的。这时，你可以搜集
一些外语工具书，把饮食、风景特点、住宿和方向等方面的词
语全部摘录下来，以帮助理解。如果你走的是线性道路，你可

以把相关的地图扫描并打印出来，制作成自己需要的地图。我的叔叔阿尔夫性情古怪，精心绘制了一幅比例为 1：25 000 的英国景点地图，并作为礼物送给我们。我们觉得它特别实用，因为其中有我们最喜欢的海岸线之旅。这一带状地图详细而精确，至今我们都小心翼翼地保存着它。把你现有的纸质资料进行梳理，只保留对你有用的，舍去其他内容，否则你很有可能被它们干扰，造成旅途中不必要的麻烦。

最后，最好准备一份旅行计划的副本。为了防止丢失，在上面标注自己的联系方式，如果有人在某处发现了它，可能会好心地归还给你。

7. 结伴而行

　　这是一个令人费解的问题，因为到目前为止，很多徒步旅行的书籍都没有向读者强调旅行同伴的重要性，从而忽视了旅行中最起码的安全要素。但这种说法还有待商榷：很可能你的旅伴风华正茂、机智英勇，强烈的好奇心促使他（她）挑战不同的危险等级，总是为了寻求刺激而加大旅行的难度。队伍里如果有这样一个年轻人，确实令人战战兢兢、忐忑不安。与其这样，还不如尽早离开他（她），因为他（她）的存在对你的安全将构成极大的威胁。

　　选择同伴时，应该主要考虑如下两个因素：首先，他（她）是否适合于徒步旅行，在徒步过程中，他（她）是否能与其他成员友好互助；其次，他（她）还必须具备以下基本条件：心态健康向上，思维敏锐，能在紧急时刻作出正确决策，并且具有较好的身体素质，必要的话，还可以及时为团队提供一定的物质帮助。极地探险家 W. C. 赛勒和 R. J. 耶特曼曾说："请慎重选择你的徒步伙伴，否则你将后悔不及。"

独自徒步

在《旅行的艺术》（*The Art of Travel*）里，阿兰·德·博顿陈述了这样的观点：在旅行中，你不可避免地将体验一次独自旅行的经历。他说，我们在期盼旅行时往往忽略这一点。只有在惯常的思维下以及身体极限使我们不至于在陌生的地方迷路时，我们才会意识到大脑和身体永远存在极限这一严酷的现实。

我要说的是，这种感觉在长途跋涉时会更加强烈。肯定会出现这样的情况：沿途景致变化不大或者不那么吸引人，很多时候不得不一个人度过。（所以出于对自身的考虑，我还是希望你能够结伴而行。）不过据我所知，博顿因忙于写书而没有充分的时间进行一次真正长远的徒步，因此他不能够深入地思考。但罗伯特·路易斯·史蒂文森却成功地做到了这点，因为苏格兰人总是喜欢忘我地沉思：

不协调的步伐无法使身体保持平衡，同时分散我们的注意力并刺激我们的大脑。然而当你的步伐达到了稳定状态，便会产生一种无意识的思维活动，它使你专心致志地思考一件事情，防止思维跳跃。

史蒂文森认为，这一过程如同循环往复的纺织作业，使你一直沉浸于自己的"欢快梦想"的享受中。

威廉·黑兹利特对于"徒步伙伴"这个问题有着鲜明的个人看法："世界上最美好的事情就是去旅行，但我喜欢独自旅行。在室内，我喜欢融入人类的小社会；一旦我走出家门，大自然便是我最好的同伴。"我们眼中的景致也许是一片废墟，也许是一派繁盛，而同伴的职责就是同我们一起理智地讨论亲眼所见的世界。黑兹利特认为，去国外徒步时，最好结伴而行，因为浓厚的异国氛围将会抑制你的内心，有了同伴的相互照应，便会少一些空虚感和失落感。

为了安全起见，无论你决定去国内还是国外的某个地方，最好选择结伴旅行的方式。若不慎跌落悬崖或险地，同伴可以及时地帮助你脱离险境；在外露营时，坏人也不会因为你势单力薄而轻易对你进行人身攻击。"三个臭皮匠赛过一个诸葛亮"，如果孤身一人，想必生火炉和搭帐篷这类繁琐的事情都会使你手忙脚乱。

倘若你已经彻底了解自己计划的路程，认为它几乎不存在风险，那么独行将会让你感受到一种难以言说的乐趣。在整段路途中，虽然没有人和你分享这份快乐，但你可以将身旁美丽如画的景致任意编织成一个个动人的故事，回去向好奇的朋友们讲述。除了有几次一个人走过一天，有一次我沿着奥法堤走了四天，那次令人难忘的徒步是我唯一一次独自一个人的长途远足。8世纪时奥法沿着今天的威尔士边界建造了这道防御大堤。在秀丽的瓦伊山谷上方，我从切普斯托沿着大堤一直走到瓦伊河畔的海伊。四周的景色如此迷人，丁顿修道院和白堡的遗址如此引人入胜，以至于我忘了按时吃饭，甚至有一整天都忘了吃东西。等我到了海伊，我才发觉已是饥肠辘辘，同时也巴不得有人跟我说话。但是一路上，我想什么时候出发就什么时候出发，想停就停，想走就走，这种感觉非常不错。这也是史蒂文森认为独自行走令人无法抗拒的原因：

> 你应该独自去徒步旅行，因为你能够从中享受到自由的本质。你可以随心所欲地走走停停，也可以自由地选择徒步路线，但你必须有自己的节奏。既不能像竞走一样快速疾走，也不能像小女孩那样姗姗而行。

合适的候选人

威廉·华兹华斯并不介意女性和自己一起结伴出游。根据托马斯·德·昆西所述，华兹华斯的妻子常年待在家里，但他的妹妹多萝西却特别喜欢去户外接触可敬可爱的大自然。多萝西的言谈举止并不像其他女孩子那样优雅高贵，甚至有时候像个假小子。德·昆西认为，多萝西十分适合当华兹华斯的徒步旅伴，因为她为人率真，做事干练不拖拉。

对于我个人而言，理想的旅伴首先应富有同情心。忠实的约翰一直是我的徒步伙伴，对于这一点我倍感荣幸。约翰在我的爱情和徒步生涯里承担着重要角色，但这也是唯一的负面因素，因为双方存在很多共性。一路上，我们可以不约而同地享受彼此的玩笑（我和约翰因为共同生活了25年，彼此十分默契，有时甚至因为一句话，我们都会大笑不已）。但太多的共性使我们之间缺少差异。为了避免这种情况，我建议平日里双方多读一些不同领域的书籍，以扩展自己的知识面。

如果你和徒步伙伴之前没有心灵的交集，或者不是彼此的知音，那么他们将给你以后的生活产生很大影响。博顿认为：

你和你的伙伴以分享经验为基础，共同拥有成长的机会。也许在共进晚餐之时，友谊便在你们的内心滋生发芽。这时你才明白，原来这份情谊是多么地纯净，它没有经过任何刻意的装饰和伪装。徒步伙伴是你旅行生活中最好的目击者，要是你惊异地发现丛林中猛然跳出了一只凶悍的雄狮，倘若你不幸被活活吞食，起码还有人亲眼见证这恐怖的瞬间。

丛林中真的有狮子吗？我想阿兰·博顿现在真应该多出去走走。

有些人认为，随着徒步时间的流逝，徒步者之间的友谊将变得越来越深厚，但事实却恰恰相反，长时间的走路只能逐渐削弱徒步者的团队力量。毕竟人无完人，随着时间的推移，那些看似无害的小习性可能最终演变成令人烦恼的隐患，你肯定不愿意让自己总是处于纠结与痛苦之中。倘若你正在计划一次十分漫长的徒步旅行，可以邀请朋友加入其中的一段路程，而非整趟旅程。听了这么多建议，你是不是感觉我是一个很难应付的女人呢？但务实地讲，我的确认为这样有助于让友谊维持得更持久一些。正如马克·吐温所说："如果我想知道自己对一个人的态度是喜欢还是讨厌，最好的办法就是和他（她）一起去旅行。"

倘若你的徒步伙伴是自己的亲戚，与他们之间的关系也会更加深厚：每逢圣诞佳节，为了保持良好的亲情，你必须去亲戚家登门拜访。但我的父亲却不乐于这样做，不幸的是，他已在几年前过世。我的父亲总是深藏自己的情绪，我很高兴曾在父亲晚年时，有机会和他一起外出旅行。可是在徒步过程中，我并没有如愿以偿地挖掘出父亲内心的情感，他依然像我平日了解的那样神秘而深奥。但我的侄子杰兹却截然不同，他在18岁那年便加入了我和约翰的行程。杰兹在徒步的日子里学到了很多处理事情的新经验，同时又努力地保持着属于年轻人的那份漫不经心。对于他的收获，我感到十分欣慰。我们都学会了对彼此包容，近期他又加入了我们的队伍，这一次我们的目标是挑战"高山徒步"。令人高兴的是，杰兹对徒步旅行越来越痴迷。我还有一个哥哥，他特别热衷于吉尔伯特和沙利文的剧目，因此他在走路时总是兴致勃勃地大声哼唱。对此，约翰却头疼不已，因为他实在无法忍受我哥哥爆炸似的声音。

规模较大的徒步队伍

每一个徒步团体都应明确地限制成员的数量。由于徒步队伍的人数较多，成员之间应做到互相认识、互相了解。此外，每一个人都需要在重要时刻发表自己的意见。所以假如人数愈多，团队讨论耗费的时间也就愈长。为了方便决策，应考虑适当"裁员"。我经常参加当地徒步俱乐部的外出活动，即使是为期较短的一日徒步游，我也会认真考虑自己可能需要面临的问题。而对于需要在外过夜的徒步旅行，应当考虑的因素就更多了。比如，携带多少个帐篷才够用？每个帐篷的尺寸应该有多大？沿途的旅店能否提供足够的床铺？我们对脆弱的环境将产生多少负面影响？更糟糕的是，如果队伍里有人鼾声如雷，可怜的我将会彻夜不眠。

这种其乐融融的"小社会"尤其适合善于交际、乐于沟通的人；每次讨论的时候，大家七嘴八舌，热情高涨。社会上的徒步机构也为我们提供了很多出行机会，可是成员却鱼龙混杂，来自社会各个阶层，因此处世观点与生活信念各有差异。你可以试着接触那些陌生的世界，丰富自己的视野和思想。别人既然选择了和你相同的旅程，就说明你们之间可能有相似的兴趣和目标。借着这难得的缘分，尝试与志同道合的人建立一份难忘的友谊吧。一般情况下，运营商根据各条路线的要求和限制因素，规定以 15 人为上限，因此不要盲目参加那些招募太多队员的徒步组织或机构。如果你能号召自己的一群朋友加入徒步旅行，很多运营商也可以专为你们设一个团队，人数甚至可以少达四至六人。当你处在一个陌生的团体中，应该努力和其他成员进行交流，消除彼此的生疏感。这不仅有助于建立友谊，以便在路上相互照应，还能帮你识别出哪些人是自己不喜欢的（这些人总是不可避免地存在着），可以提前作好心理准备，在旅途中可以避开他（她），以免产生不愉快的情绪。

挑选同伴

在你答应对方加入自己远足旅途的请求之前，必须明确你们是否有相似的目标和期望。你应该向对方交代旅行的种种事项，包括旅行的性质、计划和细节，考虑对方是否真的适合远足徒步。如果在长达一周的徒步中你总是不得不停下来等候落后的同伴，你一定会很无奈……要是和被你"贴上标签"的人（你不喜欢的人）一起度过好几天的徒步生活，你一定会感到煎熬和无助。

在远足旅行的最初阶段，每个人的身体必然存在着一定的偏差，因此徒步者的基本能力因人而异。某些情况下，你不得不应付这些偏差。我的父亲查尔斯就是一个很好的例子，父亲年事已高，身体却依然矫健，耐力十足。我有时候很同情罗伯特·路易斯·史蒂文森，因为他发现自己竟然赶不上我父亲坚定而快捷的步伐。有趣的是，每当我更换相机镜头稍作停顿的时候，父亲身子骨里蕴藏已久的能量突然释放出来，趁我稍不注意，便闪电般地从我身旁闪过，直到我一路小跑赶上他后，他的速度才再次减下来。

你不可能找到一个与自己的步伐完全合拍的人，事实上，这种想法毫无意义。根据安全准则，徒步者应时时刻刻把身前与身后的同伴纳入自己的视线范围内。但有时，道路上有很多可靠的标记，徒步者还是习惯性地脱离自己的步调，要么在风景美丽的地方等待队友，要么在岔路口稍作停顿，以免队友走错路。你可能喜欢用相机拍下沿途怡人的景色，或者根据天气冷暖增减衣服，但请记住安全第一，千万不要选择在陡峭或险要的地方停留。起初，或许你无法掌握大自然的节奏，步伐生硬而缓慢，然而在不断的行走中，你将逐渐进行自我纠正。同时，请不要总落在队伍的最后。

每个人对不同的外界事物有着不同的兴趣，所以在挑选同伴时，还需要注意你们的兴趣和口味是否相仿。这样一来，就有人陪着你一起拍照片，陪着你欣赏一路上的花花草草。当然，人类生活在多样化的时代，对大千世界都有自己独到的看法。如果你和同伴走在一个生活环境和社会风俗截然不同的国家里，试着去理解、去尊敬、去融入，不要一味地鲁莽行事，以免给旅行留下不好的回忆。此外，金钱也是旅伴之间矛盾的主要导火线。幸运的是，徒步者一般没有太多的机会去"炫耀"自己的消费能力，每一个人都应享受同样的膳食待遇，做到"有福同享"、"有难同当"。

理想的情况下，你和旅伴之间不仅应在生活和志趣上达成一定的共识，还应各有所长，互相弥补。假如我有机会选择徒步伙伴，他们可能是一名哲学家、一名地质学家、一名植物学家、一名鸟类学家和一位护士。

犬类旅伴

你是否希望和忠实的宠物一起徒步？当然，这也是一个不错的选择。虽然我从来没有和狗一起外出徒步，可我却在一些极为难走的地方见过它们。法国人喜欢带着小型犬去尝试一些令人惊讶的路线。如果遇到小狗难以逾越的危险地域，主人便用一只胳膊夹着它继续前行。英国人也热衷于犬类旅伴。我们曾经遇到一条名叫萨迪的牧羊犬，它陪着自己的主人穿越了整个英格兰。在霍尼斯特大道上，我们遇到了一只背着急救包的小猎犬。它看到我们后特别高兴，兴奋地上蹿下跳，晃掉了背上的"行李"。

这些仅仅是走平路的狗。更为惊奇的是，我们曾在比利牛斯山遇到了一只黑色的登山犬。我不知道它是什么品种，但这个浑身毛茸茸的小东西被绳索拴住，正卖命地向山上爬。下面，我给大家讲述一个关于登山犬的故事。曾经有个叫库利奇的神父，他沉迷于登山运动。从 19 世纪 60 年代至 80 年代，只要有时间，他便同舅母带着爱犬一起攀登高山。他的狗钦格尔一共攀爬过 66 座山峰，其中在第十一次爬山时成功攀登了勃朗峰。钦格尔因此被光荣地提名为高山俱乐部的成员，但它的性别（钦格尔是条母狗）——而非物种——给它带来了种种困扰。很显然，钦格尔拥有超灵敏的嗅觉，能从刺骨的冷空气中嗅出冰川的裂缝，避免队员发生危险，因此它成为冰川之行中最优秀的领队。

迈尔斯·邓菲是澳大利亚 20 世纪 30 年代大名鼎鼎的丛林徒步者，他也很喜欢和自己的爱犬德克斯特·辛博尔一起走路。和钦格尔不同的是，德克斯特总爱穿着皮质的狗靴走路。虽然犬类是人类最忠实的伙伴，但是它们可能会威胁到丛林中或草地上的野生动物，这引起了当地有关部门的关注。于是，目前有些景区开始限制犬科动物的进入。

如果你发现自己的爱犬对冒险充满了极大的热情，那么一定要精心栽培它。但是猫却不适合徒步，因为它们缺乏团队意识和冒险精神，结果只会让你大失所望。

8. 全套装备

在漫长的路上，我喜欢享受以有限的物品和技术所构成的简单生活。这种想法也许有些天马行空，因为我所谓的徒步生活只需考虑旅行中的衣物和装备。然而任何事情都有它的相对性，可以这么说，我们凭借徒步让自己的生活得到了一种解脱。人们往往对家里丰富充足的物资感到习惯，每天清晨我们会按部就班地根据天气状况精心挑选出门的衣物。

可是有些人却难以放弃这些奢侈品，常常用它们驱除自己的空虚与落寞。澳大利亚作家弗兰克·穆尔豪斯喜欢去灌木丛中体验走路的乐趣，他不赞同"功能主义的行李打包原则，即在实用性的前提下，所带的任何物品必须重量最轻、体积最小"。穆尔豪斯声称："在我的旅途中，这些物品必须能让我从它们的设计和用途这两个方面感受到莫大的乐趣。"我赞同穆尔豪斯的想法，因此我挑拣行李的三大原则是：重量较轻、占空间小和精心设计。法国作家安东尼·德·圣-埃克苏佩里认为，"只有做到轻装上阵，旅行才能完美愉快。"对于这一点，我感同身受。

过多的行李肯定会破坏旅行中的乐趣。究竟多少才算是"过多"？我们又应该根据什么标准来衡量呢？我曾经浏览过一本书，里面对徒步新手有这样的建议——"旅行经历将会告诉你随身应携带多少东西，它们总重最好少于25公斤（55磅）"。显然，25公斤就是标准。虽然它为我们提供了如此详尽的参照数据，但对于体格较小的徒步者来说，没有谁会愿意背着近乎身体重量一半的背包。所以我的标准因人而异，建议背包重量低于自己体重的四分之一。

新型材料使得我们的衣服和装备愈来愈轻。与过去相比，同等重量的背包可以容纳更多的物品。在收拾行李时，应根据实际情况舍弃多余的物品。如果我发现某个物品在旅途中从来没有被用过，那么下一次我绝对不会带上它，除非它属于应急物品，在特殊情况下是大有所用的。急救包属于应急品范畴，可是我希望自己永远都不要遭遇不测。

去哪里徒步不仅决定了你携带的装备，外界的天气状况也是十分重要的决定因素：显然，在寒冷的气候里应备足御寒衣物，在酷热的天气里应加强对紫外线的防护措施。每个人应根据自己的状况进行取舍，在本书的最后，我为读者们列出了一份清单，仅供参考。我年轻的侄子杰兹有一次决定加入我们的海外徒步之行，出发前他把"必要的物品"误解成"充足的物品"，因此大费周折地添加了很多装备，以为这样就是遵循了弗兰克·穆尔豪斯的取舍原则。杰兹选择的物品包括两条印有自己最喜欢的足球队标志的薄头巾，一件厚重且印着澳大利亚橄榄球队标志的毛线衫，还有一个分量十足的电动剃须刀。我一直怀疑他胡须的增长速度是否真的有那么快，而且每天都必须刮干净。

倘若你一开始便明智地决定好自己的成套装备，随着时间的推移，你会越来越依赖它们、喜欢它们。在出发前，如果发现某些东西使你心情不愉快，最好赶紧更换，不要让它们成为旅途中的负担。如果你认为可以在异乡购买任何必需的物品，我劝你赶紧打消这种偷懒的念头：即使有合适的店铺，你也可能没有充足的时间精心挑选。某些情况下，你可以考虑租用羽绒服或其他不太常用的东西。

合脚的靴子

我的家庭一直有这样的规矩：每次为小孩举行成人礼，父母赠送的礼物并不是车钥匙或烈酒，而是皮革制的步行靴。它意味着你已成年，双脚的尺码不再增加。我在 17 岁生日那年收到了这样一份珍贵的礼物，一双迪亚多纳牌靴子，这对于我来说意义非凡。它一直陪伴了我很多年，直到我 21 岁那年，我才换了一双意大利制造的斯卡帕牌登山靴。后来，我一直穿着这双意大利登山靴徒步（期间我还穿过一双中国制造的人造革皮靴）。然而在瑞士，我突然迷恋上了一双 Lowe 牌登山靴：它轻巧好看，采用 Gore-Tex 面料（1976 年由美国人发明的防水透气型布料，广为登山及御寒等户外衣着之用）……还是可爱的大红色！这双红靴子令我爱不释手，一直舍不得穿着它走长路。后来，我决定在攀登澳大利亚的阿尔卑斯山时穿上它，那是一趟为期四天的旅行。我很享受和它共处的那段美好时光，每当我伸出腿，都不由自主地被它亮丽的色泽所吸引。

除了颜色和款式之外，靴子的实用性更加重要。倘若道路平坦，一般的鞋子都可以。而在岩石路段，鞋子必须能够保护脚踝。根据不同情况，我通常在短途旅行中穿鞋子，而在漫漫的远足徒步中穿靴子。在湿地或较冷的环境里，还应注意靴子的防水性。现如今，商店里所售的靴子大都比较轻便，与过去的款式相比，设计也更加人性化。

如果在户外温热的天气下走路，双脚因外界环境和摩擦将受热胀大，所以在凉爽的空调房里试穿并购买靴子时，不仅应确保靴子合脚，还应挑选稍大一点的靴子。和店里的销售助理进一步说明情况，他们将根据你的运动等级向你推荐合适的鞋子。有些户外店专门配有模拟的坡道，你可以穿上新鞋来回试走，以免日后因鞋子太大或太小使脚趾受伤。倘若鞋店没有坡道，你可以踮起脚尖在地上踩踩，在店里多走走。鞋子大小以能够伸展脚趾为宜。如果脚尖能从一边晃到另一边，这就说明鞋子大了。脚后跟应感觉贴着鞋后跟。你或许可以在室内试穿，比如在家里。如果不合适可以退货。如果可以试穿，最好爬爬楼梯看鞋子合不合脚。

有的靴子除了鞋带之外，其他都令人相当满意。通常每走一小时就需要检查一下鞋带是否松了，但时间一长你可能对此感到厌烦。不过鞋带是可以替换的，如果原装鞋带容易松开，可以换成你用惯了的旧鞋带。在购买时，应仔细查看靴子的材料和质量。如果有裂缝或开胶处，就说明防水性不好。靴子里最好垫一双薄薄的鞋垫，每天晚上拿出来晾干，防止靴内因过度潮湿而滋生细菌。对此，你也可以买一双备用鞋垫，做到及时更换和清洗。

在远足徒步中，你应该备一双牢靠耐用且重量较轻的鞋子，供夜间休息时穿，有时走在城镇平坦的路面上，可供替换。根据你的行程表挑选适合的备用鞋：在暖和的天气里，备一双沙滩鞋，不仅便于穿，天气稍凉也可加双袜子（这样搭配很好看！）而且沙滩鞋最便于蹚水，轻便易干，易于携带。而在寒冷的天气条件下，你可能要挑选普通的鞋子作为备用，但鞋底必须防滑，便于运动。

为了节省开支，有的徒步者削减了鞋子方面的花费，专门挑选最便宜、折扣最大的鞋子，这是错误的。在前往阿尔卑斯山之前，我们强烈建议随行的布雷特买一双能保护脚踝且靴底是优质胎面的靴子。可是他却执意买了一双最便宜的靴子，虽然节省了旅行费用，可是他却为此承担了很大的健康风险。那双廉价的鞋不仅磨破了布雷特的双脚，而且每天晚上散发出的难闻恶臭让我们都无法忍受，布雷特不得不把它晾到房间外面。旅行还没结束，那双鞋子就已经破烂不堪了。

挑选合适的背包

你只有喜欢自己的背包，才能真正享受到旅行的乐趣。正如罗伯特·刘易斯·史蒂文森在《徒步之旅》（*Walking Tours*）中所述，"旅行的头一天往往最为辛酸劳累，背上的大包使我感到绝望与无助，有时真有一种冲动，想把它丢弃在荒郊野外……"好在这种关系最终有了微妙的变化："它（背包）好像吸铁石一般，拥有永恒的引力，承载着旅行中的全部精神。"当身体和思想进行了调整和适应，很快你便能习惯背包的存在，它如同你的老朋友，与你形影不离。

我十分喜欢我的背包，因为包上挂有一个刻着"女士脉冲星"字样的牌子，十分可爱。我喜欢这个名字，因为它意味着紧跟时代潮流。这件装饰品显眼地挂在背包侧面，好像霸气十足地制止任何想要超过我的人。随着我的步子，它有节奏地跳跃着，似乎总想扰乱我身后旅伴的步调。曾有人诙谐地跟我说，他一路上都努力和我的步伐保持一致。我的背包两侧都有网兜供插放水壶。背包容积很大，装满物品后的总重量可能超过了身材苗条的模特体重，但它有很多优点。当我想要休息时，我可以毫不犹豫地坐在上面。它总像老朋友一样默默地伴随着我、照顾着我。

徒步旅行中最重要的装备是行囊或背包（而不是手提式旅行包）。背包的拉链能防止物品因路途颠簸而弹出。背包两侧或外侧应有小网兜，以供快捷便利地装取物品，这样你就不必为寻找物品而在大包里"大海捞针"了。背包的容量一般以"升"为单位。我的背包是中型的 65 升，比一日徒步行的背包稍大，但它是户外徒步理想的选择。它装得下一些野外装备，但前提是我必须把这些露营的装备进行捆扎。

另一个衡量背包的指标是高度，无论你身材高大还是矮小，都应该选择一款适合自己身高的背包。以杰兹的身高来看，他适合背大包，而他总是把背包塞得满满的，这是错误的。这几年约翰狡猾地以小充大，他的背包容积实际只有50升，且质地轻盈，这样的背包只适合乡村之旅。有的人喜欢把背包塞得满满的，丝毫不留空余之地。若是这样，补充的干粮和脱去的衣物便无处可放。

购买背包不能草率行事，亦不能过于心切。商店货架上的背包里往往塞满了报纸，你应该掏出这些轻盈的填充物，把旅途中的一些物品装备置于其中，再试试它的承重量，感受一下背部是否平坦舒服。调整肩带的长度，使背包底部抵在臀部。背包最好配有胸带或紧固带（即可以固定于胸前两侧的肩带），而其他的带子或小装置大多属于装饰品，没有太大的实用价值。如果你打算用水袋喝水（稍后作讨论），那么确保背包有容纳水袋的足够空间。

不仅如此，你还应该为自己准备一个供一日徒步行使用的小型背包。在远足中，为了节省空间，我们往往选择携带那些可供折叠或压缩的装备，而在一日徒步行里，我们可以采用像航空行李一样的手拉式旅行箱。如果你准备去某地进行一日徒步游，你的行李箱必须足够坚固结实。你或许会委托当地的旅行公司替你看管主要行李，考虑到安全等因素，最好选择结实耐用的行李箱。当然，你也可以把多余的行李寄存在徒步基地，随身只携带一些必需品。此外，挑选一日游背包的方法与远足背包稍有不同：我喜欢背部呈拱形且有网状材质的背包，因为拱形相对省力，保护脊椎和背部肌肉，而网状材质则能排汗，达到通风透气的效果。

徒步穿戴

简单生活的倡导者，美国人亨利·戴维·梭罗告诫我们当心要求有新衣服的所有活动。梭罗是天生的徒步者，而徒步是他主要的旅行方式，徒步还要配备专门的衣服，这一想法肯定会让他困惑不解。不过他和他的朋友拉尔夫·沃尔多·爱默生是正确的：因为平日简单的衣物完全能够满足徒步所需。问题仅仅在于，你仅需准备一身适合于远足旅行的速干衣，它们轻便好洗，能使身体保持温暖或凉爽。我在步道上遇见很多年轻时尚的徒步者，他们的着装理念似乎与我的背道而驰。对于我个人而言，在挑选徒步衣物时，时尚不是最重要的元素（生活中，我也不会考虑太多的款式花色，我的朋友们可以作证）；

舒适度、布料薄厚以及是否便于清洗则是我购买时重点考虑的。

随着科学技术愈来愈先进，衣服的面料也得到了不同程度的提升。早在梭罗的时代，就已出现了皮革和粗麻布，然而在我父母那个年代，斜纹棉布衣和蜡质感棉布十分流行。早在30年前，美国户外运动塞拉俱乐部曾为会员印制了一本手册，大力推荐牛仔裤的好处，鼓励徒步者穿牛仔裤徒步或登山，但并不提倡人们穿喇叭裤。据我所知，盎格鲁-撒克逊人用芦苇作纺织原料，衣服不仅如羽毛般轻盈，防水效果也甚好。有的商家甚至承诺这种布料可防汗臭，这绝对是一个好消息。

在走路的过程中，身体温度和外界的天气都会变化不定，所以你应该学会通过适当地增减衣物来调节体温。我一般选择穿带领子的衬衫或夹克，热的时候卷起衣袖，或解开衣扣透风。徒步时，我们通常选择裤腿中部有拉链的裤子。遇到较热的天气，我就会拉开拉链，拆下裤腿，它就成了短裤。理想的情况下，裤腿长度应盖过靴筒，你也可以在特殊情况下根据需要卷起裤腿。我不喜欢裤子膝盖处有任何多余的装饰或点缀，所以只要不太冷，我一般都穿短裤。当全身活动开后，我的体温开始升高（可能是因为我的体质不太适合有氧运动），所以我喜欢穿无袖的上衣。若防晒措施不当，我的胳膊可能会晒得通红。如果你容易晒伤，最好选择长袖和覆盖腿部的衣裤。

在炎热的天气下，你需要掌握分层着装的艺术，尤其应注意身体上半身的穿着。最贴身的衣物应选择细羊毛或人造抗菌面料。棉制品速干的效果较差，应尽量避免使用。在寒冷的环境里，里层衣服最好有绝缘性，你可以考虑在双腿处添加一副保暖的雪套。而中层的衣服也应是透气性好、吸湿排汗效果好的面料。你所选择的衬衫和短裤或者长裤都应便于运动。当你停下来享受午餐时，为了抵御风寒，应添加一件羊毛衫。羊毛衫的重量取决于它的密度：通常情况下，由于走路时身体已经产生了一定热量，所以一件较薄的羊毛衫足够御寒。有的衣服前端有长长的拉链，你可以根据天气状况和自身体温决定是否拉下拉链。最后是外层衣服，其主要作用是防风防雨，保护你少受冷风或雨雪的侵袭。（我总是根据情况频繁地增减衣服，如今我已练就出一项绝活：在行走的过程中快速脱下羊毛衫，完全不用卸下背包。终于有一天，我这样做的时候不幸被一块石头绊倒了——真是代价惨重啊！）

分层艺术也应体现在四肢上。无论温度高低，我都会在厚厚的绝缘袜子里面再穿一双薄薄的吸汗短袜，它们有良好的吸湿排汗功能。因为穿着里层袜子，我的双脚从来没有起过水泡；每天晚上，我都会清洗里层短袜，一般次日清晨就会晾干。不光如此，我还会准备一双备用的里层短袜，用于夜间保护双脚。如果天气严寒，手套是必不可少的装备。若你嫌手套厚重，不方便拿取物品，你可以折中地选择一双丝质的吸汗手套，它也有良好的防水性和绝缘性。我们的身体在散热过程中，头部首先会挥发大量的热量。为了防止感冒，我们应准备一顶吸汗性能较好的内衬帽子，外面再戴上保暖的毛质帽子。为了防晒，帽子应附有遮挡太阳的帽檐。挑选帽子时，根据脑袋的大小，选择合适、稍紧的帽子，以防止大风将帽子吹走。

对于时长约一星期的徒步旅行，应该准备供夜间穿的衣物：备用的里层和外层，备用的长裤和短裤，以及两双外穿的袜子。而对于为期较长的徒步，我只是另戴一顶不同重量的纺织帽。行李重量当然是越轻越好，旅行中的衣物最好便于清洗和晾干。定期清洗内衣内裤、袜子和衬衫；最好做一个计划，这将避免延误你的行程安排。无论睡觉的房屋或床铺冷暖与否，我都会穿一条旧棉质短裤和睡衣，这样大大降低了受寒的几率。有的人在家喜欢裸睡，一旦出门在外，和陌生人共处一个房间时，应暂时性地改掉这个习惯。有的旅行安排里有游泳项目，这时应考虑多带一套换洗内衣。

如果你想让别人一眼就认出自己是徒步者，可以套上雪套。雪套不仅能够防止沙粒和雨雪灌入靴子，还可以有效地保护双膝，防止毒蛇袭击，或被丛林里坚硬的灌木划伤。我总是很怕热，所以很少使用它们——而且我也比较低调，不喜欢向旁人炫耀自己。

防水装备

有时候在路上能看到诙谐的一幕，徒步者和他的背包被大大的尼龙雨披所覆盖，看起来犹如一个庞然大物，令人畏而远之。从远处看活像一个怪物——你是不是想吓哭小孩？其实，这种装备并不利于在大风或瓢泼大雨的天气里行走。在寒冷的天气中，严寒和雨水的结合尤其致命，你应该认真地装备并保护自己。更重要的是，随身携带的备用衣物必须保持干燥。

幸运的是，我们生活在 Gore-Tex 时代，这种材料的半透膜可以有效地抵御雨水侵入体内，同时允许汗液的蒸发；它起源于人工肾的研究。这种高端面料的专利已经失效，而且其他一些品牌也为我们提供了效果相同的产品，所以商店里所售的由透气面料制成的防水夹克也许更加实惠。然而，夹克上的接缝、拉链和口袋却是防水的薄弱环节，对此，优质的密封带可以帮我们解决这一问题。我喜欢穿款式较长的夹克，这样可以有效地让臀部保持干燥，同时戴一顶鸭舌帽，避免雨水落进眼睛。冲锋衣的衬里通常有几个口袋，我习惯把地图或小型相机装入其内，不仅可以保持干燥，还方便使用。

倘若天气状况实在严峻不堪，穿防水裤是最明智的选择。确保防水裤在裤筒处有拉链（我的在脚踝两侧有拉链），否则一路上你将会有很多不必要的麻烦。防水裤只是偶尔使用的装备，面料不需过于高档，越轻越好。

现在商店里销售的背包防水性没有达到百分之百。在远足中，我们特地在背包外面套上一个防水罩，对于包内重要物品也应做好防水措施：若防护不当，浸透雨水的背包将十分沉重，包里的物品会湿漉漉的，甚至损坏，那将是一场莫大的劫难。在此，我真心向你推荐一款用于包内衬里的干燥袋，它容量大、质地轻、密封效果好。只要在下雨天气，你便可以打开这种折叠式的防雨袋，将包里所有的物品密封装好。

登山杖

十几年前，我的膝盖被诊断患有关节炎。我已经想到了自己会得这样的病：小时候，我总被撵出图书馆，因为一旦我蹲下，膝盖便会发出很响的"咔嚓"声，被我影响的人总是很不高兴。当我去就医时，医生听着从膝盖里传来的异样声响，不可思议地问："我的天哪，它们这样有多久了？"后来，我去户外店里买了一对登山杖，它们在我徒步的日子里忠实地陪伴着我。

现在登山杖的使用已经很普遍。著名的英语词典编纂人塞缪尔·约翰逊在苏格兰徒步时需要依赖拐杖——一根底部钉有钉扣的英式橡木拐杖。当它丢失后，约翰逊很是伤心，认为一定是有人为了获取罕见的木料而偷走了自己心爱的木拐杖（这根橡木拐杖产自北方）。最后他得出了一个结论：为了保险起见，你不能只依赖一根拐杖，最好准备一对。

现在的登山杖质地都很轻便，不但结实耐用，长度也可随意调节。它们不仅对膝关节有问题的人适用，也是其他人长途跋涉的好帮手。登山杖能够减少膝盖和臀部的负荷，并有助于在崎岖的地面上保持平衡，尤其是在溪流交汇处或地表湿滑的路况。道路越是漫长，坡路越是陡峭，登山杖的功能就越明显。购买登山杖时，确保它们能装进背包。如果背包不够长，最好把它们整齐地固定在背包外面，需要的时候再拿出来使用。登山杖的杖柄握起来应感觉舒适、牢固，防滑效果很重要，应避免因手心出汗而松动或滑落。一般情况下，登山杖的底端磨损度最大，为了延长它们的使用寿命，手杖底部应为比其他金属耐磨的钨质材料。带有减震装备的登山杖价格比普通的稍贵一些，适用于岩石等地质坚硬的道路，而对于一般的土路来说，完全没有必要花这份冤枉钱。正确使用登山杖的方法是：手握杖柄，让杖杆与肘部呈 90 度直角。根据不同的路况调整杖杆长度，做到"下坡长，上坡短"。

饮水装备

目前有很多徒步者喜欢通过长长的吸管，吮吸身后水袋里的水解渴。相比之下，我更喜欢原来的喝水方式，即用水瓶喝水。自从断奶后，我就不再采用吮吸的方式喝东西了。但是很多人之所以选择水袋，是因为它的确为徒步旅行提供了很多方便：水袋比水瓶柔韧性好，在背包内可堆置、可挤压；再者，水袋和饮水用的吸管用旧后都可更换。用杯子或水瓶喝水的人都有过这样的感受：必须停下脚步，否则可能将水洒得满身皆是，而用吸管吸水时，就完全没有这种烦恼了，双手也可以空出来干别的事情。可即便这样，我仍然喜欢停下来喝水。我的水瓶一般装在背包外侧的网兜里，所以不必卸下背包大费工夫地寻找，只需伸个手，便可够到背包一侧的水瓶。利用喝水的时间，我会看看周围的风景，或者瞧瞧身边的队友。每隔一段时间，我会检查一下水瓶里剩的水是否够用。为了方便起见，我只能把它放到背包外侧的网兜里。相比之下，水袋也有一些弊端：不管是水袋还是吸管，都难以清洗，而且由于人们习惯把水袋装进背包，因此不方便估计剩余的水量。

我喜欢选择质地较轻、安全环保的塑料水瓶，但是PET材料的瓶装水一般只能使用一次，因为它们易释放对身体有害的物质，而且易变形，不耐久。从一开始，我便一直坚持使用瑞士西格公司制造的铝制水瓶，瓶身颜色绚丽，让我有一种愉悦之感（尤其当我的靴子泥泞不堪时，这个水瓶算是我浑身上下最好看的物件了）。如果背包有空余之地，我也会携带一个水袋，把它折叠起来装好，因为水袋的容量一般超过一升，而在特殊的路段用水量将极大。如果你打算前往山区徒步，就会经常路过干净的泉水或溪流。这时你不妨在背包外面悬挂一个小杯子，不时地品尝山间最纯净的滋味，感受那无比纯粹的天韵。我和约翰曾在这些风景秀丽的地方拍照留念，感谢水神赐予我们神圣之水。

琐碎的小物件

你一定要提防背包里琐碎的小物件——一旦积少成多，不仅增加背包的重量，还让背包里面看起来凌乱不堪。很多旅馆和庇护所都希望你能自备毛巾：一条速干的超细纤维的小毛巾是理想的选择。还应该备上床单——丝质的不仅轻巧而且舒适，以及配套或单独的枕套。如果想在外露营，你的装备应便于压缩或拆装，大体包括一顶帐篷、一个睡袋、一张地席、一个炉子、一套餐具，以及烹饪的食物。如果你打算联系旅行社，它们将会为你提供帐篷和炉具。这样虽然增加了旅行花费，但可以减少背负。手电筒是在外留宿不可缺少的照明设备。为方便起见，你可以选择一款性能较好的头灯，在照明的同时，也不会妨碍你做其他事情。

这些细琐的物品还包括纸张。正如之前所述，为了节省空间、减轻重量，你可以减少随行笔记，甚至舍弃地图中无用的部分。如果路况艰难，极具挑战性，你可能根本没有精力在夜间休息时阅读。但即使如此，倘若你还想带上一本书，以备坏天气或不方便外出的时候阅读，那就带上一本。有的作者认为，如果在徒步旅行中品读书籍，你就能领悟出书中别样的意义。罗伯特·路易斯·史蒂文森曾说："这本书好像写入了你自己的梦想。"因此如果你认为自己必须携带这个"大块头"，试着选择一本简洁的书，看完了可以和同伴换读或传阅。有的徒步者很聪明，他们沿途撕掉并丢弃自己看过的书页，可想而知，背后的行李就愈来愈轻了。旅行中的纸张还包括当地流通的纸币，供购买食物或支付膳宿费用。如果你打算出国，护照和机票也必不可少。为了安全起见，可以把旅游保险复印件或重要的文件放入同伴的背包内，分散式存放能够有效地降低丢失风险。如果不喜欢写旅行日记，一个小巧的笔记本和一支铅笔就足够了。

爱美之心人皆有之，对于女性徒步者来说，应学会精简自己的盥洗用品：准备一个装有牙刷和小管牙膏的盒子，除此之外，防晒霜、洗发水、唇膏也是必备品。对于远足旅行而言，还应带一个指甲剪。制作一个简单的急救包，在本书的最后，我为你提供了一份急救品清单（救生毯听起来让我们以为它很重，其实不然）。必要时，还应准备一副耳塞。如果你和众多的旅伴同住在一个房间，可以有效地防止鼾声的干扰，提高睡眠质量。成包的纸巾可作餐纸，亦可作厕纸。太阳镜可以在刺眼的阳光下和白茫茫的雪地里保护眼睛。

为了防止地图受潮，可以把它们装进小盒子或者密封的塑料袋。随身携带的指南针最好有挂绳，便于精准测量。在两个登山杖的杖柄处各系一条颜色夺目的绳带，它们可以套在手腕上，使你牢牢握紧手杖；在休息完毕准备出发之时也便于你一眼认出它们，减少不必要的麻烦。小刀也是徒步旅行者的好帮手，用于切割食物。此外，还需要准备一个防止奶酪或水果变质的食物密封小盒。一套小型的修理装备，几个安全别针可能会派上用场，一个万能充电器当然会用得着。有时候，我会带一把轻便的旅行伞，因为它实在太有用了：它不仅为我遮挡阳光和小雨，在情急之下，当周围全是一览无余的平地时，我还可以拿它当作小解的遮挡物。此刻，"以不变应万变"这一格言又被我赋予了新的意义！

下面的小物件是可供选择的，并非必需品。如果你所去的地方有通信信号，手机则是最有用、最方便的通讯设备。小型望远镜可以帮助你观察远处的野生动物。在你向未知领域行进时，GPS或者导航设备证明是十分有用的。大多数徒步者都愿意携带一台便携式相机，而热忱的摄影爱好者则会背上更多的照相设备。对此，我将在倒数第二章里进行详细论述。如果你的某些装备需要充电，应携带一个电源适配器，以适合当地的电源配件。你唯一不用随身携带的就是全套的钥匙。为了减轻重量，在出发前，把家门的钥匙存放在可靠的邻居或朋友那里。如果必须开车，只需带上一把车钥匙。

我曾在阅读一本美国徒步书籍时感到很震惊，因为其中有一段冗长的辩论，作者一直在犹豫孤身徒步的自己是否应该带枪。然而，这并不是一个新奇的想法。在19世纪罗伯特·刘易斯·史蒂文森建议人们应慎重带枪徒步：露营中若遇到"童心未泯"的旅伴，他们会喜欢跟你开一些让你弄假成真的玩笑。总之，人们对枪的回应似乎总是那么幽默。

打包的艺术

我们打包行李的初衷有两点：首先，方便我们从背包中拿放物品；其次，背上背包后，背部平坦舒适，无异物压迫感。背背包的姿势也很重要，如果方法不妥，脊椎将会不同程度地受损：背部应紧贴背包最内层，把背包的总重量均匀地分散到肩部、背部和臀部上。只有这样，身体重心才能在颠簸的道路上保持稳定。如果你打算露营，炉子、燃料、帐篷和食物则是途中应该另外考虑的物品。运用物理知识，我们应把这些沉重的物品放在背包里靠近背部的地方，通过缩短力臂的距离，从而减少负重感。村庄之旅中，我们不需要携带太多繁重的设备。同样，把那些为数不多的重物放在背包中间，即靠近脊椎的地方，然后把轻而易碎的物品置于顶部。经过打包后的整个背包是平衡的，所以走路时请不要把它们晃来晃去。对于一些常用的小东西，如太阳镜、帽子、防晒霜（或冬天必备的手套和毛茸茸的帽子）、相机、地图、防雨夹克和水瓶/水袋等，最好把它们放在便于拿放的位置。急救包不需要时刻置于手边，但你必须知道它在背包的哪个地方。背包外部网兜里所放的物品务必是重量轻、不重要的小东西，因为它们很容易随着你身体的运动而丢失。背包里，零碎的东西应该整理好放入我母亲称之为"dillybags"① 的网袋里。在我的印象里，"dilly"好像是澳大利亚的土著语，它肯定不仅仅是"网袋"的意思。

　　如果打包方式得当，你的背包不会重如磐石。对于徒步旅行来说，倘若一开始因用力过度出现疝气症状，这个倒霉的开端只能预示着一次不愉快的旅行。所以应尽量避免突然使蛮力，而应该灵活地使用巧劲：试着弯曲你的膝盖，把背包先抬到一条大腿上，一只胳膊套进肩带，用全身力气把整个背包甩到身后，顺势将另一只胳膊也套进肩带。接着，扣紧腰部和胸部的带子，把它们调紧，固定好。只要多加练习，你便能游刃有余地完成这一系列动作。请牢记，上山时应收紧肩带和胸带，下山时适当地放松。遇到肩部酸痛等状况，我便绷紧腰部的带子，通过增加臀部的负重量，减少肩部的受力。

---

　　①　即土著人编织的网袋。

如何打包航空行李

倘若你需要乘坐飞机飞到徒步出发地，上述的打包方法应稍微变通。首先，考虑到背包可能在航空公司的运输途中丢失，应制定一份备用行程表。通常情况下，被机场弄混的行李将会在一两天之内交还于你。虽然时间不长，但如果你打算在着陆后立即开始徒步旅行，这可能会严重地影响行程。为了避免这个问题，我们的朋友彼得和路易斯近日只带着小背包就上路了，前往大陆进行为期三周的徒步行走。这样，他们一下飞机就可以直接走了。他们的精神确实令人钦佩，但是我们绝大多数人都觉得这样不太实际。我总是穿着徒步靴乘坐飞机，因为换鞋是个很麻烦的事（以前我习惯把靴子放到机舱头顶的储物柜里，但难免引起其他乘客的反感）。通常，我都小心翼翼地将相机和其他重要文件随身携带。而小刀或剪刀绝对不能带上飞机客舱，所以你应该把这些利器置于背包内安全的地方。

由于机务人员一般采用抛掷的方式将行李从行李舱卸载至传送带上，因此背包很可能在运输途中受外力损坏。寄送行李前，应该用搭扣或扣环扣紧拉链，如果可能的话，找一个干净的大塑料袋套在背包外面。有的航空公司服务周到，柜台处能为你提供这些大包装袋。有几次，我们碰巧发现机场里有用于打包的大袋子，解了燃眉之急。

如果要在远足旅行中乘飞机，我们依然穿着徒步服装，虽然看起来有些脏兮兮，但至少我们不会被安检人员误认为流浪者而遭拒绝。每当抵达了首个留宿地之后就赶紧脱去身上灰蒙蒙的 T 恤，换上干净的弹力内衣和透气性袜子，而那些脏衣服日后再洗，这样也大大减轻了随身行李的重量。

打包时，有的装备真的令人难以取舍。我选择的某些物品都是"最后一次跟随我旅行"，用完后扔掉以减少回程行李的重量：一个可能藏匿着成千上万细菌的破旧水瓶、一条穿了多年的纯棉睡裤。不要吝惜这些陈旧的物品，把它们看成自然界循环过程的一部分，该扔就扔，正如爱默生所说："当你穿破了一双鞋，皮革里的所有能量都已经传送到你身体的纤维里。我可以通过你所穿破的鞋子、帽子和衣服的数量，来判断你身体的健康程度。"

如果我磨破了四双结实的徒步靴，我一定看起来非常健壮，这就是我想要的。

9. 食物

　　徒步旅行最大的乐趣之一就是享受当地的特色美食。当我们精疲力竭、饥不择食时，只要有食物能够填饱饥肠辘辘的肚子，我们便感到无比满足。遵循大自然固有的规律，无论饥饿与否，我们都会在特定的时间进食，以补充身体所需的能量。然而在远足旅行中，徒步者已不再将吃饭视为一种缓解疲劳的方式，似乎更喜欢用酸甜苦辣的味觉来冲减平淡。有的人为了保持身材，总是谨慎地控制进食量。但对于我们徒步者来说，徒步是一种耗能极大的运动，为满足体力输出之需，我们顷刻变成了贪婪的"大胃王"，摒弃暴饮暴食的负罪感，尽情地吃饱喝足。G. M. 特里维廉还认为，在消耗能量的同时，身体也流失了大量的水分："假如你已经走完了25英里，若还想继续行走，可以效仿福斯塔夫①，喝一点小酒，踌躇满志并迈着轻盈的步子前往什鲁斯伯里城堡，寻找霍尔王子的足迹。"可悲的是，目前没有医学证据表明走路能够解除宿醉。

我们已经厌倦了循规蹈矩的快餐，向往旅行中那些简单的粗茶淡饭。乡下有鲜艳欲滴的蔬菜，有松软诱人的面包，有浓厚质滑的奶酪，这些最朴素的食物唤醒了麻木的味觉，让人回味无穷。幸运的你也许能够在路上品尝各种各样的美食，菜色地道，齿颊留香。记得在法国南部海滨阿尔卑斯山脚下的索皮尔小镇，那里的菜肴可谓是色味俱佳、别具一格。天色渐晚，我们拖着疲惫的脚步抵达小镇的旅馆，眼前的食物是一碗刚刚从院子里采摘的豆子，它们浑身涂满了黄油。这些豆子既能补充身体所需的热量，色泽也十分鲜亮。随后另一盘菜也端了上来，我快乐地咀嚼着，因为这里的食物是百分百纯天然、无污染、安全且优质的绿色食品。

吃饭是一种艺术，而在吃饭的时间里与他人交流也是一种艺术。早餐时间很适合与同伴讨论当天的徒步路线和行程安排；同样，进食午餐或晚餐的过程中，你也可以尽情地抒发自

---

① 福斯塔夫是莎士比亚笔下最出名的喜剧人物之一，具有勇敢与怯懦二重性格，他放浪形骸，是霍尔王子的酒友。

己的观点，谈谈你的所见所闻或者所思所感。有时候人与人之间的沟通能缓解骄阳的酷热，能化解刺骨的冷风。经历了一天的辛苦跋涉，大家围成一桌，喝着热乎乎的羹汤，对当地人热情的招待赞赏有加，并致以最由衷的谢意。幸运的是，这些主人通常非常慷慨，把家里所有最好吃的东西都拿出来，让我们"席卷一空"。在一些欠发达的国家，有的主人家为客人准备了分量十足却菜品有限的晚饭，大失所望的你甚至对他们冷眼相看，认为他们款待不佳。但请记住，为你做饭的当地人可能一辈子都没有见过这么多肉类，他们平日拮据的生活一定令你难以想象。

为了应对特殊情况，你应该自备一些食物。当然，这其中也有一定的讲究，既不能太少，亦不能太多。在"小熊维尼"为主题的故事里，A. A. 米尔恩笔下的克里斯托弗·罗宾最终不得不宣布："现在我们应吃掉所有的口粮，这样我们就不用担心行李太重了。"[①] 这可是大错特错的决定，千万不要像罗宾那样怂恿别人做这种"弹尽粮绝"的傻事。无论何时，我们都应在背包里存放一些应急的口粮；如果你走完了全部的路程，

---

① 《小熊维尼》是作者 A. A. 米尔恩送给儿子罗宾的生日礼物，后来作者以此为灵感，创作了家喻户晓的系列儿童故事丛书。

可以在回家的公车上把它们"消灭掉"。

喝水

对于徒步者来说，另一个重要的问题就是"喝什么"。在家里，我很少喝水，习惯喝咖啡、茶和含酒精的饮料。但如果在路上，身体始终处于需水状态，即使没有热得汗流浃背，我还是会定期地补充水分。每当我们停下来小憩时，我都会想尽办法寻找水源，灌满自己的水壶。天热时，应至少携带一升水，如果沿途没有水源，我会带一个干净的塑料水袋。没有参数明确地规定徒步者路上究竟应该饮用多少水，饮水量因人而异。倘若所剩的水量不多，最好只在嘴唇或喉咙发干时抿一小口，推迟并延缓身体的脱水程度，天无绝人之路，相信你最终一定会找到水源。

为了避免缺水的窘境，应该事先了解路线，估计采水时间和地点。若还有疑问，更需带上足够的备用水。可是现实往往是残酷的：一升水有两斤重，天气热或海拔高的情况下，需要喝更多的水，但是背包将会越来越重，为之消耗的体力也会越来越大。在科西嘉岛南部的旱地徒步时，我们所有人都面临严重的脱水，温度虽然只有三十度，可是地图上所标示的溪流已经完全干涸。身心交瘁的我们拼着最后的力气翻过了很多山丘，最终不得不选择走捷径。傍晚，我们抵达了一座海拔较高的村庄，但这里同样是死气沉沉的景象——没有商店，没有酒吧，也没有泉水。我们心灰意冷，意志消沉。拖着沉重的双腿，我寻到了一处敞开的大门，看见里面有一个正在腌制野猪肉块的人。询问得知，原来他是个猎人，这头野猪是他最近猎到的。后来，他坚持给我们每个人的瓶子灌满他自己储藏的泉水。我从来没有遇到过比他更热心的猎人，真是雪中送炭、慷慨解围。

假如你找到了水源，饮用之前必须检查它是否可以饮用。鞭毛虫，这种寄生在温血动物肠道里的寄生虫，如果传播到水中，能够引起各种令人难以忍受的胃病。在北美的野外，大多数河流都生活着鞭毛虫和另一种讨厌的原生动物——隐孢子虫。这是因为河流或小溪受到上游的牧区、人类居住区或缺乏环保意识的露营者的污染，导致中下游的水无法饮用。我们不能仅凭水的颜色就片面地断定它是否卫生，因为清水中常常隐匿着人类肉眼无法看见的微型病菌。相反，在澳大利亚我们所遇到的有色溪水通常都比较干净，且未受污染，这是因为它们被灌木叶中的单宁酸染色，所以呈棕褐色。俗话说"病从口入"，所以我们应时刻保持谨慎的心态，但也无须过分怀疑：

我喝过很多河水，但从来没因此生病。如果河水真的很脏，万不得已时，你可以在喝之前将水煮沸，或者加入碘和净水药片，也可以使用鞭毛虫过滤器净化生水。为了节省时间，我们一般采用药片净水法。

有些冰川景区的小旅舍旁，可能竖有"此地溪水不宜饮用"等标志牌。大概是因为水里的矿物成分对人体不利，为了避免差池，最好不要妄加冒险尝试。不过我们曾不相信主人家好心的劝告，怀疑他有牟取暴利的意图，于是非要在晚饭后，悄悄地用空瓶子舀一升溪水才肯罢休……

要是你和希莱尔·贝洛克有同样的喜好，厌倦了白开水那种平淡无奇的口感，认为它"只不过是牲口喝的"，这时你可以加入添加剂来改变水的味道。多年来，我们一直在背包里装着一小瓶绿粉，可由于路途时常颠簸，总是撒得到处都是（无论如何也要带上几袋补液粉以防脱水）。要是带有炉子，我喜欢在午餐时冲泡一杯咖啡或茶，感到和在家里一样温馨而惬意。贝洛克只有在喝了酒精饮料的情况下才可能大步流星地奔走，或许他早已痴迷于此。酒和水一样会增加背包的重量，用扁形长颈瓶装上白兰地或干邑也许更能节省空间。我们走路时会消耗大量的能量，尤其在寒冷的天气或海拔较高的地区，但饮酒的弊端十分明显，它会抑制呼吸，导致身体脱水，引发冻伤。然而在庆典仪式上，适量饮酒并不会对身体造成太大的伤害。我的法国朋友保罗在这种重大意义的场合喝了酒后，仍可以继续走很长一段路程，因为他在畅饮前已经补充了身体所需的水分。

预备食物

在野外，你可以自己动手烹煮食物。为了防止食材紧缺，必须提前将所需的食物购齐。虽然我生来不善于购物，但在预备食物方面的技巧却另当别论。如果你身处异地，可以探索周围的市场，或直接去专门的店铺购买。在法国的边缘城镇，一些大型超级市场正在逐渐建起，但乡村地区仍然零散地分布着面包店、糕点店和熟食店等专门的食品店。相对而言，这些没有大超市方便，需要提前调查了解每一家店铺的具体地点。我建议你去当地的集市逛逛，因为在那里你可以领略到当地最淳朴的风情。

在徒步前夕，你应该给自己留足够的时间准备食物。规则自己下一次购物的时间，顺便记住当地商店营业的时间。很多地方有这样的习惯：店主在中午喜欢打烊数小时。在这段时间里他们可以悠游自在地享受午餐，或者睡几个小时的午觉。而集市仅仅在上午才有，所以你必须赶早去，以免错过购物良机。有时小村庄里不一定有商店，我们曾经跑遍了多尔多涅，但仍然空手而归。后来打听得知，村里有专门为游客提供食品杂物的货车，于是我们便在那里耐心地等待它的到来：起初街道空无一人，但当货车开来后，当地人便都出来忙着购买东西。

大多数情况下，你需要储备一些口粮以备午餐食用。如果没有条件吃到新鲜的面包，你可以携带保质期较长的全麦面包或黑麦面包。除此之外，饼干也比较耐放。作为配餐，你可以买香肠、肉类以及当地的奶酪。我们总喜欢买一些水果，口感虽然新鲜怡人，但若存放不当，将带来很多不便。我认为熟透的水果并不适合携带。一次我们本来在沙莫尼开开心心地徒步，结果我打开背包后却发现里面的所有衣服都被染成了粉红色，又黏又脏（之前约翰买了一些熟透的草莓，我大意地把它们塞进了背包）。我可怜的背包再次经历了一场"劫难"，甚至好几个星期，包里的每一个角落都渗透着草莓甜美的香味！

如果你打算购买露营专用的食材，最好考虑重量轻、营养高的食物。在超市里，我们一般可以找到干燥或半干燥的食品，比如麦片（燕麦片）、奶粉、速溶汤、面条、扁豆、方便面、即食套餐、腌肉、硬奶酪、铝箔袋装的金枪鱼、小袋装饼干等等。而在有的国家你的选择范围是有限的，这时你可以从家里提前备好轻巧的食物及用品。沿途如果能碰到几家地道的小吃店，你就不必为食物问题而烦恼。户外店里一般售有冻干的食品，只需开水冲泡便能食用。这类食品重量很轻，方便食用，口感也十分不错。有的品牌物美价廉，因此受到徒步者广泛的追捧。我曾经还见过户外店所售的冻干的草莓冰激凌味的甜点，它的味道应该十分不错。我提倡简单便捷的食物：当你饥肠辘辘时，吃什么都会很香。

我们每一个人都应为自己准备一些路上的零食。过去徒步者喜欢咀嚼坚果和干果，专业地说，这些高能食品被澳大利亚人叫作"scroggin"，通常列入购物清单，而北美人则称之为"gore"。我看过很多户外运动杂志，得知现在的徒步爱好者喜欢购买各种价格高昂的能量棒，因为它们能显著地提升体力。事物总是不断地推陈出新，然而巧克力却是亘古不变的高能量食物（最近有朋友给我介绍了一款非常美味的"scroggin"：巧克力块里夹有苹果干、杏干、南瓜子及山核桃）。约翰总是喜欢从蛋糕店里买一些零食。不要担心它们的重量，因为这些好吃的东西总会被你提前吃光。

野生食物

如果你在路途中幸运地发现了野生食物，它们同样可以补充身体的体能。在欧洲茂密的树林里，我们常常遇到采摘蘑菇的妇人。对此，我们曾经专门研究了药店橱窗的图表（法国药剂师的职责之一是，确认你采摘的真菌是否能安全食用），有的蘑菇是可以吃的，而那些看似差不多却有毒的品种则被标上了"骷髅头"记号。在这种严肃的事情上，我们从不会草率行事，因此我们从不自以为是地自己动手采蘑菇。不过只有一次例外，我们遇到了一对夫妇，他们坚持认为那片林子里的野生植物没有毒性，于是我们兴致勃勃地采摘了一大堆牛肝菌，晚饭时让厨师把它们炒熟，顿时整个屋子香味四溢，那晚每个人都享受到了酒足饭饱的欢愉。当然，如果你掌握了药剂师提供的图表，能够辨别可安全食用的菌类，你的旅途中将会多一种山菌野味。

走在路上，我喜欢和约翰聊天，或者抒发自己对于某件事的观点，但常常话音未落，约翰便不见身影，原来他悄悄地跑到了黑莓藤或桑树下采摘鲜果。他真的像一只小馋猫了，竟敢在光天化日之下偷摘水果和坚果，想必远处观望的农夫肯定早已愤愤不平。

我不太懂得葡萄的收获标准，约翰坚持认为只要同类葡萄通过了抽样检测标准，即可成批采摘。在基安蒂成熟的样本葡萄令约翰赞不绝口，于是我们全体队员决定在葡萄园品尝特别的红葡萄酒来庆祝完美的一天。餐厅的酒单列出了各色陈酿，我们挑选了一瓶不太贵的红酒。在西方的正规餐厅，服务员一般会推着小车将红酒送来，经过一系列精心而繁复的程序，才将酒倒入大大的高脚杯中。但是这瓶酒价格较低，是不是就没有这项待遇呢？虽然我们用的酒杯不是正式的高脚杯，但每一个人都停下来观看服务员颇为正规的开瓶表演。红酒口感温和，香味浓厚，真是物有所值。当用餐结束后，我们叫来服务生，经过询问欣慰地得知，顾客即便是购买了最便宜的红酒，也会享受完整的服务。虽然这顿饭少了一些野味，但红酒却是我们冒险旅途中一次意想不到的收获！

白天的饮食

你和别人的饮食习惯会冲突吗？我认识一对夫妇，他们是典型的素食主义者：拉尼和迈克对于无法接受的食物总是决然拒绝，他们郑重其事地向我们强调吃这些东西的后果。当然，素食主义者有权利维护他们的观念。

有些人承受饥饿的能力较强。比如说，我的大腿就囤积了足够的脂肪（这是我梨形身材成功进化的成果），所以即便走很长的路程，挨饿对我也没有什么大的影响。而约翰却相反，他甚至在暴风雪这样恶劣的天气里也不愿放弃那顿简单的午餐。无奈之下我们不得不待在安全线内维持体温，而约翰却独自在一边精心地为自己准备餐点。在这里，我认为徒步者应该提高身体素质，保持能量水平，这样就能在高海拔地区等严酷的环境中更长久地抑制自己的食欲。所以为了应对艰难的局面，我们应提前备好即食的口粮。

早餐

在英国的 B&B 酒店里，我突然想起了马克·吐温曾说过的一句话："只有熏肉和鸡蛋才能帮你勾勒出最美丽的风景。"我发现这些场所的早餐大都以油炸食品为主，所提供的能量足够走一天的路程，而我也因此可以放弃午餐，直至喝下午茶的时候才吃饭。而欧洲山区旅馆提供的早餐却与之截然不同：不太新鲜的面包和果酱，但至少有好喝的咖啡。为了节省午餐的成本，我们常常趁主人家大意时，悄悄地把桌子上剩下的面包装进背包带走。

午餐

对于大多数徒步者来说，中午加餐确实是一个很大的挑战。在走拉拉平塔路径时，我的几个朋友通常用一块巨大的巧克力取代午餐。我最喜爱吃巧克力，但怀疑它是否真有这样的功效。不过在吃饱早餐之后，我们还是会吃一些简便的野餐，这是为了让身体更有精神和动力接着完成下午的路程。朋友吉吉告诉我，背包里携带这样的美味佳肴是她提高士气的有力保障。它好似一剂良药，对于精疲力竭的徒步者必不可缺。

一般情况下，我们可以选择周围环境较好的地点吃午餐（它必须能够遮挡风雨和烈日）。大自然是一部无声的电影，为我们的午餐增添了一种惬意的情调：潺潺的流水、咆哮的海浪、安静如画的小湖，或者一泻千里的瀑布都是最美的水景；远处的冰川宏伟壮阔，冰爆的碎渣迫不及待地向下方涌去，形成一团漫漫的冰雾。你可以把午餐视为一次里程碑，它就顿时变得意义非凡。然而山顶或路口由于风大一般不适合用餐，你可以就近寻找一处地势较低的地方。如果天气实在令人扫兴，干脆就在附近"速战速决"。我们曾迫不得已闯入牛栏吃午餐。那真是个令人惊喜的地方，看着身旁一头头安逸的奶牛，我们索性放松，不过那里确实没有酒吧或山区的避难所舒服。徒步时吃午餐应遵守"少吃"、"适当"的原则，因为约翰曾在澳大利亚贝豪斯徒步时吃完了一大堆螺旋形通心粉，直到现在也没有完全恢复。因为接下来的路程是一段陡坡，约翰最终还是像鼓胀的气球停滞在半路。与菜相比，汤属温性且易消化，多喝无碍，但是会大大增加找厕所的次数。

我们并不是每一次都能幸运地找到能够坐着吃饭的地方，尤其是在风雨交加的坏天气里，不过你可以边走边吃。罗伯特·路易斯·史蒂文森有一次从包里掏出了一根博洛尼亚香肠和一块巧克力。"这听起来好像挺委屈的，不过我还是就着面包和肉一起吃掉了它们。"他说得不错，这虽然令人不快，但毕竟和道格拉斯·莫森相比，还是令人稍感欣慰，因为莫森曾经去南极探险时和队友在绝望之际吃掉了自己的哈士奇："那一天是 12 月 29 日……我们的早餐是吉格尔（那条哈士奇犬的名字）的头——我伤心地吃了它的软骨和大脑。"

晚餐

威廉·黑兹利特无法忍受一边走路一边说话，但他却不得不说："我承认，只有一件事情值得在路上讨论，那就是商量晚餐时吃什么。"一般情况下，午餐后的一小时适合和同伴谈论这个话题。在远足旅行中，晚餐似乎变成了一件比较特殊的例行公事。正如 G. M. 特里维廉写道："走了一天的路，任何事情都好像变得更有意义，食物和酒水顿时成了一种史诗般的庆典，是荷马赋予了它们这种非同一般的价值。"所以对于徒步者来说，晚餐是一种嘉奖。

如果准备在某个村庄或小镇过夜，那么就有更多的晚饭地点和食物种类可以选择。约翰最大的乐趣是去镇子里的街道走走，顺便决定我们的用餐地点。如果选择有限，他可能会有点闷闷不乐。但凡节假日，或者经过走访没有发现餐饮地，那个夜晚将是十分暗淡的，没有谁会愿意坐在床上吃背包里的剩下来的食物，那时的约翰也就完全没有兴致与大家说说笑笑了。在青年旅舍和小旅馆里，我们通常可以自己动手做一顿热腾腾的晚饭。这在法国地区比较流行，而且新西兰的旅舍大都要求入住者自己烹饪。那些做饭的场面颇为有趣，人们有各种各样的烹饪方法。每当日落前，旅舍的厨房里都是一派热火朝天的景象，我见过几个年轻人把各种罐头齐刷刷地倒入大锅翻炒。他们可能是太年轻了，所以论厨艺我还是略胜一筹。我还记得两个有志于当演员的徒步者嘴里嚼着干瘪的面包，眼馋地看着我们做好的美食，想必他们回去后肯定会苦练厨艺。

若是要我选择，我喜欢在留宿地准备晚餐。乡下或镇子里半食宿式的旅店一般环境较好，但难免让我们觉得有些大费周折。经过了一天的跋涉，人们都想停下来歇歇脚，可是为了晚饭的事，有时候不得不再走一阵子。在意大利马耶拉山徒步时，我们在坎波迪高夫的家庭旅馆曾吃过一顿最美味的晚餐，这里也得到徒步者们的连连好评。我们在那里快乐地待了四个夜晚，房子的主人每晚都为我们辛苦地烹饪五道菜肴，餐桌被摆放得满满当当：清炖羊羔肉、薄饼夹肉丸，每个人的盘子里都盛满了用蘑菇和蔬菜做的美食。事实上，我们是她全部的客人，所以她的菜显得更加精致。

欧洲的小旅舍通常提供一些简单的晚餐，但通常这三道是必不可少的：蔬菜汤，焖米饭或煨面条，水果罐头或水果馅饼。出版商乔治·劳特利奇在1875年建议："享用一道菜而不知道吃的是什么，实为不智。总是可以问问给你上菜的侍者吧。"我遵从了这条建议，曾有一道让我搞不清楚的砂锅端上桌来，通过询问我才乐呵呵地得知它是"charmotte"；因为我所掌握的法语词汇太过贫乏，我认真地想了几分钟后才意识到这是一个玩笑。至少我希望它是一个玩笑，因为"le chamois"（岩羚羊）和"la marmotte"（旱獭）都是国家级保护动物。旅舍的菜肴通常以当地的特色为主，所以在邻近的旅舍，同一道菜出现的频率很高。幸运的是，这种状况只会偶然发生。我们在瑞士游走了一个月，因为这里烹饪的技术和食材有限，我们只有两次吃到同样的菜。我有个同伴是严格的食肉主义者，他很担心自己会又一次遇到拉克莱特干酪，因为盘子底层涂有厚厚的烤奶酪，你得用黄瓜和土豆蘸着它吃。

然而如果对自己有饮食限制，你可能会在旅舍用餐时遇到一些麻烦。据观察，高山区一般以新鲜的蔬菜为主，倘若你不爱吃蔬菜，就必须提前想好对策。而旅舍一般都供应固定的食物，素食主义者可以进行选择，这也意味着盘子里的食物将明显比其他人要少。

晚餐后的享受

罗伯特·路易斯·史蒂文森认为：

晚餐利于健康，而在享用完晚餐后的夜里，最美的时刻便到来了。当时香烟的味道我仍然记得，有一点干干的涩感，带着一丝丝香气，感觉很充实、很不错。吹着微风，品味美酒，我被它的韵味所陶醉；每抿一口，都会觉得全身越来越放松，四肢越来越舒展，听着自己的心跳，舒服极了！

我不能保证烟草会有史蒂文森所说的那种奇妙作用，因为我不吸烟，但我不否认酒精的作用。比利牛斯山脊的缺口处刚好与罗兰环形路线相切，我们在攀登加瓦尔尼冰斗之后抵达了这一缺口。到达半山腰时，约翰鼓起勇气翻越了令人头晕目眩的岩石壁架。我看到远处竖着一个木制十字架，突然想起去年夏天曾有人在此坠崖。我一直没有向同伴提及这件事，直到我们都安全地坐在加瓦尔尼的酒吧里聊天。为此我们和英国记者以酒相庆，对我们的幸存表示庆祝。这也许就是干邑被发明的原因吧。

10. 寻找住处

"每个物种都有自身的艺术；无论是人还是低等的、赤裸裸的动物，它们都归于这种艺术。"莎士比亚白天在阳光灿烂的阿登森林漫步，但在夜间笔下的李尔王却在荒地上经受风吹雨打，这似乎与安逸的文明时代毫不匹配。我们可以按时间的长短把徒步旅行分为一日徒步和多日徒步，二者之间最大的区别在于，后者必须找到一个留宿的地方休息。尤其在走了九小时或更长的路程后，我们可能需要更多的睡眠来补充体力——睡眠质量低将在很大程度上影响第二天的旅行，所以选择合适的住处十分重要。

罗伯特·路易斯·史蒂文森去塞文山脉远足时，决定携带成套的装备以便在外露营。"每到黄昏时分，我们便焦急地寻找住处。这实在令人烦恼，而且我们也不敢保证留宿地的主人家是否真心欢迎我们这些看起来狼狈不堪的客人。"当然只有在万不得已的情况下，他才会在野外搭帐篷。爱默生在1871年游览了约塞米蒂，博物学家约翰·缪尔为此倍感心寒，因为他无法说服爱默生和自己一同在外露营。爱默生当时已是68岁高龄，认为自己理应睡在一张像样的床上过夜。

置身荒郊野外时，想要睡上一张像样的床，可能很困难。当今是互联网时代，科技发达，便于我们在网上搜索留宿信息，可是在以前这一切似乎非常困难。幸运的是，提供床铺的主人们现在热衷于填补这些信息，以供我们参考入住。沿着五渔村路径的旅舍似乎总是人满为患，于是我们决定放弃在该地入住，前往就近的韦尔纳扎渔村。后来我们被一个年老的黑人妇女拉进了她家的水上客房，里面摆满了著名的 sciacchetrá 牌葡萄酒。如果你身处异地，最好学会"小旅馆"或"备用客房"这类简单的当地词汇，否则难以和当地人进行沟通。在本书的最后，我列出了一些网站，你可以通过它们寻找留宿信息。如果你上不了网，可以去当地的旅游局打听消息，它们通常都印有提供膳宿的具体清单，也可以打听乡下一些简单而卫生的膳宿点。

住宿紧缺的话，最好提前订好床铺。一般情况下，我们不提前预订，所以有时候难免因无处可睡而走更多的路，花冤枉钱。且不说开销大，我们的脚也是备受煎熬。如果可供选择的机会比较多，我们主要考虑价格的高低与否来决定是否入住。当然费用越低越好，因为我们已经疲惫不堪，住在哪里都无所谓，只要床上有褥子、枕头和毛毯，我们就会很满足。但这并不适用于城市，如果在城市里能够很容易地和店主讨价还价，则可能意味着住宿点是地下室或红灯区，环境可谓是脏、乱、差。但是在农村"便宜"却物有所值，屋子虽然小，但却十分朴实古雅，因为它们大都以家庭为经营单位。只有一次，我们谢绝了一家乡下的小旅馆，因为它的布置简直太"古朴"了：我们必须爬梯子才能到阁楼的客房，而客房的天花板又很低，屋子让人感觉十分压抑。而主人家却住得其乐融融。事实上，他是个侏儒。

简单的住处

在恶劣的天气中，住所不仅能为我们提供赏心悦目的美食，也提供了让我们可以安逸休息的床铺。也许房屋四周只是简单的石墙，但它却能够遮挡严寒酷暑。有时我们抱着"试一试"的心态走进牧民的棚屋或谷仓，匆匆忙忙地吃完午餐，换上温暖的衣物和雨具继续前行。而在高原空旷的大地上，巨大的石墩也可以成为我们暂时的庇护所，至少雨水不会把午餐淋湿。但请铭记，若遇到雷暴天气，千万不要在过浅的洞穴里停留，因为它们十分吸引闪电，不过比较深的洞穴是很好的庇护场所。新西兰有很多岩壁，有一处甚至长达几百米，人们给它起名叫"大舞厅"。（约翰曾经在布达旺山间的岩穴里待了好几天，他带帐篷的目的只是为了在海滩遮阳。）亨利·拉塞尔生活在 19 世纪，他为人十分古怪，当他发现比利牛斯山里缺少诸如此类天然的庇护所后，花了整整三个月的时间在维涅马勒山的侧峰凿出了一些大大小小的洞穴。后来拉塞尔甚至邀请朋友前来洞穴参观，并在里面与他们共享午餐。当我弯着腰走进了其中一个洞穴，它看起来很狭小（所以我推测他的朋友不是很多），而且有些阴湿，但是里面的空气却很充裕，并不缺氧。

　　为了避免不测，我觉得还是应该随身携带帐篷。摩洛哥昆虫稀少，气候温和，可以在星空下入睡，但如果起风了，沙漠帐篷总会用得上。沿着澳大利亚西部的比布蒙路径，当地机构设置了很多三面顶结构的大敞篷。徒步者不仅可以在野外过夜，也不必担心刮风下雨。除此之外，我们应携带露营袋或睡袋，做好夜晚的防寒措施。有的人喜欢睡在吊床里，并将一块大篷布绑在吊床两端的树上——遮挡小雨和露水。当然，若是温暖、无雨的天气，我们可以用这种方法来取代搭帐篷。我对帐篷似乎总抱有一种矛盾的心理。虽然我们的帐篷重量较轻，能容纳两个人，可是睡了两个夜晚后，我却发现自己患上了幽闭恐惧症。帐篷广告商告诉我们，帐篷可以让你拥有更多呼吸的空间，同时保护你不受外界的干扰。在旅途中，商家会提供各种用途的帐篷，比如用餐帐篷和厕所帐篷，我们的野营好像失去了它原本的意义，变成了游牧生活。

徒步的简易屋舍

凡是在徒步盛行的地方，我们都能很容易找到提供基本膳宿的简易屋舍。目前很多地方都有石头结构的暂住点，看上去很复古，环境舒适，室内宽敞，但需支付一定的费用。近年来，这些屋舍的住宿费用普遍呈上升趋势。苏格兰偏远地区和高山上的临时露营棚都是免费的，供紧急情况下过夜使用，但是徒步者需要提前备好自己的烹饪装备和睡袋。

新西兰设有 950 多处乡村屋舍，其档次因费用高低而不同。九大徒步路线两旁的暂住点都有为徒步者提供的必备物品，比如食物和睡袋。而在其他地方，你需要自备炉灶、睡袋或照明设备，价格也参差不一。这些屋舍归环保部门监管，工作人员在网上提供相关的详细信息，包括每个屋舍的开放时间和费用。和旅舍不同的是，无论这些简易的屋舍是否有看守人，你都需要自备食物，或自己动手烧火烹饪。

法国拥有一套优良的休闲度假房出租体系。为了方便徒步者和骑马人，这些房屋大都沿着主要的行人路搭建。这些简朴的留宿点归当地社区管，有的设在古老的学校或建筑里，但至少你可以在那里烹饪食物。绝大部分入住者感觉十分不错，因为他们可以享受丰盛的晚餐和早餐。出门在外难免会有不如意的地方，如果住所较为狭小，你就必须和其他人挤在一个房间里过夜。为了应对这种突发状况，最好带上自己的被单或睡袋，而其余的床上用品那里一般比较齐全。

前往圣地亚哥-德孔波斯特拉的朝圣者们入住的西班牙旅店条件更为简陋——考虑到朝圣的意义，理应如此。如果你早上4点钟才起来参加晨祷，绝对会错过天主教当天的第一次礼拜，你就只能怪自己慵懒了。

高山上的住所

但凡被徒步者或登山者青睐的山区，一般都设有供其休息的庇护所，这对跋山涉水的徒步者来说是一种莫大的慰藉。它们也许由国家登山俱乐部所有（但俱乐部也允许非会员享受其便利的设施），由政府机构经营（其经营权常常归属于国家公园），个别的住所为私人所有和经营。在巴塔哥尼亚国家公园，这些欧洲风格的住所一般只在夏天开放。在梅鲁山或肯尼亚山附近的乞力马扎罗山上，往往也设有暂住的庇护所，但必须经过艰苦的攀登才能抵达。尼泊尔有传统的茶馆，不过那里环境欠佳，往往拥挤嘈杂，黑烟绕梁。天气较好时，我建议你最好选择在外露营。近期安纳布尔纳保护区为徒步者开辟了几条新线路，周围也刚刚搭建了庇护所。同样，南非的偏远路径上也设有大大小小的旅舍和庇护所，这使我们省去了不少麻烦。

床铺和餐饭最好提前预订，但也很少将迟来的人拒之门外；地板上总有地方可睡，食宿费用通常用当地货币支付，不能刷卡消费。如果考虑到为这些场所配备供给有多么困难，你就会觉得收费合理了。你希望有什么样的设施呢？首先，许多旅店周边景色优美，而且有可供观景的阳台。其次，大多数旅店都有门厅，可以放鞋子、登山杖以及可能湿漉漉的装备。但是在发电机旁边有些旅店也有专门的房间可供悬挂烘干湿衣服。门廊里通常都有可放拖鞋或木屐的鞋架，室内是不可以穿靴子的。我想店家不会担心有谁将这些拖鞋顺手牵羊，也不必在出门时提醒你换鞋，因为不可能有人能英勇地穿着拖鞋爬山。一般情况下，房间里还会提供床垫、毛毯和枕头。有的住所也提供床单，但我建议用自己的睡袋，既干净卫生，也省去了枕头。

到达某地后，如果留宿问题已有着落，我会重点着手如下事项：

● 和同伴们喝酒庆祝旅行（如果旁人看见这番欢愉的情景，他一定也会为我们感到高兴）；

● 打扫房间；

● 将潮湿的和穿脏的衣服整理出来；

● 整理床铺，并找出手电筒和耳塞；

● 把书、地图或者记事本放在公共区域，在晚餐前和同伴们讨论第二天的行程。

有些地方不仅偏远而且缺水，如果有洗澡间，洗热水淋浴需要支付额外的费用。大多数厕所、洗漱间或宿舍都是男女合用的，但你完全不用为此担心，因为大多数人走了那么远的路或因疲劳等缘故都开始变得性冷淡，至少忽略了性别之间的差异。

睡大通铺难免会因没有隐私而有一种仓皇失措的感觉。在一些住所你可能被分到一个四床铺或六床铺的小屋，而条件较差的住所可能只有一张长长的大床铺，通常能睡好多人。早晨醒来后，也许你发现旁边是一个完全陌生的面孔，所以你应提前作好准备，克服这种难堪的心理。为了避免和别人同睡一间房而发生各种尴尬的局面，很多登山者习惯穿着白天的衣服睡觉。尤其在冬天，厚厚的衣服会垫高你的身体，会给人一种"攀高"的异样感。房间内的发电机通常在晚上十点停止发电，如果想在十点以后继续看书，就得用自己的手电筒照明。但请记住，在夜间直至凌晨六点这个时段里，你做任何事情都必须保持安静，不要妨碍他人休息。可悲的是，打鼾只能另当别论了。如果你不是一个脸皮特别厚或者荒淫无度的人，你必须在和别人同住的时日里放弃性生活。如果你执意那样做，我只能保持沉默，因为毕竟身体太疲倦了，那样有害健康。

我并不全然否定集体生活，因为它确实有一些真正的乐趣：你有机会和同住者讨论和比较自己这段异乎寻常的经历，有机会获取日后行程的有用信息。所住的主人家通常也对徒步生活充满了无尽的兴趣，他们很乐意扮演东道主的角色，从而使你的整个旅行尽显完美。有时他们也可以作为登山的向导或导游，带你一起去探险奇趣的自然。在徒步者流行路线中途的卡本尼德莫瑞地区，我们遇到了一位了不起的主人，甚至有一座山峰是以他的名字命名的。在这种情况下，主人可能有丰富的路径资源，不仅能为你预测近日的天气状况，还能向你说明一些应该注意的事项。有的地方处于穷乡僻壤，食物紧缺，但大多数时候只要你想多吃些饭菜，主人一般都会满足你的愿望（我的侄子杰兹是个名副其实的"大胃王"，他一般比我们吃的都多）。不过也有一些例外：我们曾在科西嘉岛的 GR20 路上遇到一位监狱长。不过这完全在我们的意料之中，因为他的房顶上插有一面反独立的旗帜，上面是一个拿机枪的男子的剪影。尽管当时的暴风雪十分罕见，小小的房屋挤满了被雪水浸湿的露营者，但他仍然拒绝生火取暖，因为那是冬季最后一晚，而他早已把灰烬倒干净了。

家庭旅舍的主人往往慷慨大方、和蔼可亲。运气好的时候，我们会在晚饭后享受到主人家免费提供的彩色甜酒，心里暖融融的。我们只有一次在勃朗峰附近的一家旅舍遭到不友好的待遇。其情节十分严重，甚至连当地的勃朗峰官方网站也提示大家这家旅舍"服务态度：差"。

大多数庇护所都提供午餐和其他茶点，的确，这对一日行的徒步者来说事关重大。如果你想在住所的阳台或房间里自在地休息，最好礼貌性地买一些东西，不过这也不是强制性的。高山上的小旅舍通常只在夏天营业，但也有一些在冬季专为滑雪者开放。大多数住所都至少备有一间客房，有的在室外还搭建临时建筑，以供紧急避难所用。

青年旅舍

在乡村地区可能没有"青年旅舍"这个词，从那里打拼进城市的年轻人似乎很少喜欢去乡下探险，所以只有中年群体比较活跃。近年来涌现出很多私人旅馆，而国家协会逐渐不再扮演经营者的角色。下面我为大家介绍一些我去过的青年旅舍。"黑帆青年旅舍"位于英国湖区一个偏远古老的小牧场里，那里的环境十分远古，让人感受到一种难得的野趣，提供的食物也十分美味。我们曾去过德国萨克森小瑞士国家公园霍恩施泰因地区一家奇特的青年旅舍，它的外形仿佛 14 世纪的堡垒。我们花了整整五个小时才从卧室走到位于西面的宴会厅。事实上，这些青年旅舍大都是古香古色的建筑。我们曾经在改建的教堂里留宿，那里以前是本笃会的修道院。我们还在奥奇桥的铁路站台里睡过，那里通往西高地。

现在有很多青年旅舍提供情侣套房或私人客房，少数较为昂贵。英国、澳大利亚和日本的青年旅舍仍然主张男女分开睡，但如此精细的顾虑并不适用于欧洲。尽管如此，它仍给少数人带来了不必要的麻烦，罗伯特·路易斯·史蒂文森曾震惊地发现自己和一个修桶工人共处一室，而他的妻子和孩子却挤在另一张床上。"我第一次遇到这样的问题；我很尴尬，感觉自己很多余，我只能祷告上帝，希望不要再有这样的事发生。"幸运的是，我发现人类有超强的适应力，但是我希望德国人不要再在我面前光着身子跳华尔兹了。

英国有一种青年旅舍，它被人们叫作"露营谷仓"。这些旅舍通常建在废弃的农场里，收费适中，很适合徒步者住宿。在瑞士我们在牛棚里住过一宿，几头奶牛被主人家赶到山头吃青草去了（尽管牛棚里到处是蠼螋，但对人无害。）文学史上有旅者睡秸秆的先例：1773 年塞缪尔·约翰逊和朋友詹姆斯·博斯韦尔同游苏格兰，他发现旅馆的床极差，于是要了一捆干草铺在房间的地上，上面垫着自己的骑马大衣，就这样他度过了漫长的夜晚。而博斯韦尔却把"床"铺得"更精致"，他用床单包裹着干草，显得既平坦又整洁。我在想，他们接下来的旅行是不是一直要在麦秆上过夜。

B&B 旅店

B&B 是英国社会公共机构专为徒步者设立的旅店，遍布大大小小的村庄。客人使用的基本上是主人的闲置房间，里面通常备有招待客人的茶和黄油茶点。房子的主人把屋子收拾得井井有条，他们也许会嫌弃你脚上泥泞不堪的靴子。有的主人家很直率，他们会把不允许客人做的事项用贴纸贴在客房的墙上，入住者应时时约束自己。

住在乡下的B&B旅店，我们常常受益匪浅。我们曾不得不整夜待在农舍里，因为约翰要密切地关注那里初生的羊羔；在什罗普郡的那个夜里，我们甚至还为母羊助产。这真是一件棘手的事：一只母羊刚刚生下一只小羊羔，而农场的主人却又从另一只母羊那里抱来三只小羊，让这只刚刚生产过的母羊收养它们（因为那三只羊羔的母亲只能哺乳两只小羊）。为了做到这一点，农场主费尽心思地将新鲜的胎水抹到被收养的小羊身上，以免母羊拒绝哺育。这一切让人兴奋不已，只不过约翰照看新生的羔羊，而我则要负责蒸煮胎盘的事。

正如你所期望的，价目表里有早餐的价位。如果想在B&B旅店里吃晚餐，一般需要提前通知主人。有时候和主人家一起吃饭会产生尴尬的局面（曾经有个遗孀在和我父亲聊天时仿佛擦出了火花）。如果你喜欢安静，可以选择不与他们共餐。这种利用闲置房间作为客房的旅店不仅仅英国有，意大利也有B&B的旅店，而且德国、奥地利和瑞士也有同类性质的旅店，它们叫作"zimmer frei"。法国（叫作"chambres d'hôte"）、澳大利亚和美国的B&B旅店价格普遍偏高，环境和设施也较为高档。日本也有类似的旅店，名为"minshuku"，你可以体验到最纯正的日本式生活。

小旅馆和其他的选择

在规模较大的城镇和村庄，你将有更大的选择余地。在比较众多家庭旅馆的环境时，你可以把房屋的风格、颜色等考虑在内。这些小旅馆有各种各样好听的名字，但是在日本和欧洲的大多数国家，旅馆的名称比较统一——这是为了迎合户外运动者。日本传统的小旅馆叫作"ryokan"。在屋内，你必须换上干净的拖鞋，睡在传统的榻榻米上。

如今，小宾馆或小旅馆布置得越来越个性化。在威尔士，我曾是兰托尼半月旅店唯一的客人。主人家是一位上了年纪的男子，但十分富有活力，他不仅跟着我从客厅聊到饭厅，又从饭厅聊到卧室，还允许我免费使用热水器。之后其他客人也受到如此的待遇，大家都争先恐后地进走廊的浴室洗澡。

当然，旅舍有多种多样的形式。我们曾到过瑞士的勒沙布勒一个十分奇特的小镇，因为雪崩的缘故，我们只能留宿在那

里。镇子的房屋没有窗户，所有的房子好像被塞进了山坡。虽然有透气孔，但待在里面好像世界都凝固了，十分压抑。作为一名徒步者，如果对住宿环境的适应能力较强，你就有绝对的优势，就可以尽情地享受这种生活了。

11. 寻路

　　在每一次旅行中，我们都必须知道自己的具体方位。因此只要掌握了导航的技能，就不仅能推测出所处的方位，还能清楚地知道自己是否依然在正确的路径上。

　　弥漫于山间的大雾让前方的道路变得模糊不清，往往会锐减我们的前行速度。然而若是某地发生过山体滑坡或火灾，道路也会不同程度地受阻。我的朋友休曾在法国瓦努瓦斯的阿尔卑斯山迷路了，当时她和同伴之间发生了激烈的冲突，结果他们分道扬镳。即便道路两旁设有路标，苏也仍然像丈二和尚一样摸不着头脑，最终错误地选择了一条小路，爬上了一座小山峰。不过在整个山体救援的过程中，有关部门采取了直升机的方式进行点对点勘测营救。休之所以走错路，是因为她完全不看地图。其实休身上有地图，可是她却根本没有打开过。

罗伯特·路易斯·史蒂文森的做法截然不同，他在穿越塞文山脉时聪明地运用了地图和指南针。不仅如此，他也常常向当地人打听前面的路。很多人也许会认为史蒂文森的方法不是十分稳妥，因为他可能受他人误导而南辕北辙。如果你低调行事，诚挚地向路人询问，这样也许能尽快地抵达目的地。一般情况下，只要你有一本旅行指南地图册，或者雇一位私人导游，其他的东西似乎都是多余的。然而你应该具备看地图的能力，因为地图能够帮助你提前看到标志性的地貌，让你更清楚地了解每天所走的路线。如果不打算雇导游，你还可以按照地图为自己制定一条独特的路线。也许你的这条新路线联结了不同的小径和道路，也许它避开了纷扰的大路，以更短的距离通向恬静的乡村。在那片人迹罕至的地域里，你可能会看见宏伟壮丽的石窟，听到道路旁瀑布倾泻的悦耳之音。这一切的一切，也许正是你无意间收获的快乐。

研究地图

在充满奇遇的探险里，所有形式的地图似乎都赋有一种神奇的力量。地形图的定义指：将地面上的地物和地貌按水平投影以及按一定的比例尺缩绘到图纸上，从而形成详细的三维地图。它不仅适合旅者的探险，也适用于专家的统计和勘测。一旦将地形图的代码破译（并摸索出其中隐含的信息），你便能够完全地了解道路的状况，从而可以成功地穿越目标土地。对于远足旅行来说，地形图最大的优点在于，它能够梗概地显示出徒步者沿途所见到的所有景观。当然，地形图所描绘的信息愈详细愈好，所以我认为理想的比例应该是 1：25 000（其中 1 厘米代表 250 米）。然而这样的比例将导致远足旅行中携带的地图页数过多，那么 1：50 000（即 1 厘米代表 500 米）的地图似乎更为实用，它也可以清楚地显示沿途的路标。

任何比例形式的地图都可以用来衡量和计算实际的距离。因此根据地图所标明的起点和终点，你也可以计算自己步行的距离。如果地图上呈现的路径不是笔直的，而是弯弯曲曲的折线或曲线，你可以用一条细绳（指南针顶部通常都附有这种绳子）较为准确地计算出路程长度。我喜欢休憩时在地图上摆弄绳子，利用这种方法我估算出即将走完的步行距离，然后将其记录在徒步笔记中。不但如此，我还在地图上绘制网格，通过数方格我能快速地估测出当天所剩的路程。同时，我根据自己的徒步速度计算出走路的时间，然后在地图上标记出午餐的地点。利用这种方法，我可以大致了解路途中可能看到的景致，因此在走路的过程中，我很清楚自己位于地图的哪个点上。只要结合地图，我通常都能胸有成竹地完成事先拟定的徒步计划。

在路上，你应该时刻注意那些具有新的里程碑意义的地物，比如山峰、村庄、桥梁、溪流等，它们通常突出地显现在地图上。所以在徒步之前，你需要理解地图上的符号和等高线——波浪形的线条既代表海平面，也代表宽广的地形。如果某处的图线都密集地聚拢在一起，则代表陡坡（真不走运，你得奋力攀爬）；倘若这些线条间距较大，比较松散，那就意味着你将遇到一段缓坡（这对你来说也许并不太难，你可以高呼万岁）。注意等高线之间的间距（它们最可能表示 10 米、20 米或 50 米），数出你所处的位置到标记物之间的等高线数目，看一看自己需要穿越的丘陵或山谷。（有的制图者考虑周全，往往用阴影帮助你直观地看到丘陵和山谷。）只要你学会运用等高线，你就能轻松地辨别出各种地貌，比如沟渠、山坡、山脊、两峰之间的山面，以及骇人的悬崖峭壁。

上面提到了为地图绘制方格，通过阅读地图右下角的说明，再结合地图两侧的经度与纬度，这些方格同样可以用来明确坐标。要是因不幸迷路或身处困境而向他人寻求援助，援助成功与否的关键在于，你能否及时报出自己的具体方位——如果你有 GPS 导航设备，这个问题便迎刃而解了。

有些人可能不太善于看地图，但我建议你最好还是准备一份清楚详细的地图，把它放在伸手就能拿到的地方，或索性挂在脖子上。我曾经在南方草原上突然吃惊地发现英吉利海峡中镶嵌着一片绿色的丘陵，刚好是风口。我们被无情而强劲的冷风折磨着，它好像故意要从领口和袖口灌进来，真让人受不了。我把地图装进夹克衫的外层口袋，可它偏偏被强风卷起，像旗子一样飘走了。我想，如果我把地图塞进衣服里层的口袋，也许就不会被风吹走。除此之外，为了方便查找路线，还可以把地图折叠好，放进塑料套里防止雨水浸湿，然后塞到背包的顶部，或者放入"安全的"口袋里。至少这样，你看起来才不像一个稚气未脱的童子军。

如果你真的无法看地图，就不必非得勉为其难地把它放在手边。约翰的背包总共有 14 个隔间，他常常丢三落四地找不到眼镜，无奈之下我只能当临时的向导。这样一来，只要我们走错了路，所有的责任都推给了我。

使用指南针

指南针对于识别方向起着至关重要的作用，因此每一个徒步者都应学会如何使用指南针。我们懂得使用指南针的"理论知识"，因此在每一次远足时都会带上它……不过说实话，我们很少用到。一个合适的指南针可以为你在世界的绝大多数地方指明方向，事实上，我们直到最近才意识到指南针的重要性。可是指南针并不是在任何地方都起作用，我们曾在欧洲扳动了罗盘旁侧的按钮，发现指针奇怪地出现歪斜，原来周围到处都是铁矿岩石，严重地影响了指针的磁性。实际上，我们的指南针是由澳大利亚生产的。由于忽略了这一因素，我们将之用于错误的地域，致使指针总是垂直下坠。虽然我不经常使用指南针，但我仍想通过本章向你灌输它的使用技巧。

量角器指南针的底盘设有角度尺，它重量轻，易于使用。量角器指南针大部分产于瑞典，要是没有它瑞典人就会经常迷失在皑皑的白雪中，无法回家品尝到美味的鲱鱼。比方说，如果你在加拿大北极群岛上使用指南针，指针本质上受磁力吸引而指向地磁北极（不过指针也可能受附近金属物体的影响而发生扭曲）。可是地图上的网格并没有磁性，比如你到了北极，不能单纯地依靠指南针辨别方向。不过如果你幸运地到达威斯康星州，你就完全不必为此担心，因为那里的磁北[1]

---

① 磁北是指南针所指示的北，这主要是由于地球的磁场两极与地理上的南北不重合，因此指南针指示的北为磁北而非真北，磁北会随着时间而变化。

和地图的北向是完全一致的。而在其他地方，地图都会标明由于磁向变动而叠加的偏磁角①，你必须根据自己所处的方位加上或减去这个角度。那么究竟自己置身于哪个方位呢？当你从一个地方移动到另一个地方，应该以北方为标准，从顺时针方向测量变化的角度。指南针的罗盘共有 360 度，范围从 0度（北）到 90 度（东），到 180 度（南），经过 270 度（西）后返回 0 度。因此指南针不光意味着东、南、西、北这四个方向，学会使用其中的度数，你才能更精准地了解自己的具体位置。

你可以依靠指南针正确地定位地图，继而正确地了解地面信息。有些情况下你可以仅依据周围的地标来识别并定位地图。如果这种方法行不通，先平置地图，将指南针的底盘平放在地图的方格边缘线上，准星一端朝向地图北极，使坐标梯尺与地图子午线相切，再缓慢地转动地图，使磁针的 N 极对准方位玻璃上的刻度线，最后根据地图上磁偏角的度数计算方位。相对而言，我们比较容易识别周围特定的环境。根据校准后的指南针，我们便不难确定自己所处的方位。即使突然改变前进的方向（从西方转到北方），我们也不会轻易迷路。假如你没

①　即磁北与正北之间的夹角。

有 GPS 导航仪（为了方便起见，我还是建议你买一台），但仍想知道自己确切的位置，请遵照如下做法：

（1）选一处地图上和实际环境中都有的标记物，用箭头表明你将前进的方向。

（2）转动磁针，令 N 极和红色针尖重合。

（3）根据磁场的变化加减指南针表面的度数（我听说在威斯康星州无须加减度数，而附近的苏必利尔湖则需加计度数。）

（4）将指南针平放在地图上，使底盘的一边与地图上的标记物重合。

（5）在不移动指南针的前提下转动指南针，使表盘的箭头与地图的方格垂直线保持平行。

（6）此时你位于表盘边缘与线状路径的交点上。

要是不幸遇到意外或不小心迷失了方向，你想自救就必须弄清自己的位置。这时只需在最后一个步骤沿着表盘边缘简单地画一条线，重新找一个标记物，并把上述步骤重复一遍，这样便得出与第一次测量不同的结果。只要掌握了技巧，你就可以找到两条线的交点。如果你打算去不熟悉的地形探险，务必学会定位的技术。除此之外，也可以多读些这方面的资料，熟能生巧。

观察路况

针对我们实际走过的众多路径，每一条道路的状况都有所不同，因此掌握道路的状况和信息是徒步旅行成功的重要因素之一。相对而言，正规的长途路径路况较为简单，所以应该重点考虑诸如国家公园或森林这样路况更加复杂的网状小路。在乡下，你可能会看见由鹅卵石、木条或农场土块铺成的混合道路。对于 21 世纪的世界来说，这些古老的小路虽然历尽沧桑，散发出一种特别的韵味，可是我们仍应保持警觉，以免误入歧途。

正规或官方的道路一般会在主要的道路枢纽处竖立路标指示牌，上面标明了道路方向及其他信息。有的路标十分人性化，它们会告诉你距离前方旅馆或庇护所有多远，而且以步行的平均速度估算路上所需的时间。根据路标的信息，你最好尽快地让自己接下来的速度和提示中的速度保持一致，但是有些指示牌的信息却根本不可靠。我记得沿着法国孚日山脉的路上有一些路标，上面给出的信息使我们庆幸了好一阵子，可是我们却花了很长时间才抵达波特奈特山口。

根据各国的规定，道路指示符号不尽相同。英国习惯用黄色的箭头代表行人路，用蓝色的箭头代表马道（徒步者、自行车和骑马者共用的道路）。挪威喜欢以红色作为步道的指示颜色，而法国选择的颜色更具有表现力：漫长的 GR 路径用红白相间的条纹标记，其中弧形表示可转向的道路，而叉代表错误的方向；红色和黄色相间的条纹代表该区域的环形路段，而单一的黄色、绿色或蓝色的条纹则代表地方性的路径。这种标路的体系已经被毗邻法国的几个国家所采用。在瑞士，如果哪条道路被标记成黄色，则说明这条路上随时可能会出现公共汽车，所以徒步者在走路时应注意安全。美国曾经用树皮作为林地小径的路标，然而近年来转为用更加耀眼的金属光盘或彩色颜料做标记。这些道路指示符号不仅出现在路标牌上，也时常出现在大树、巨石、篱笆桩以及任何显眼的地方。奇怪的是，人们一般在乡下或小镇里很难按照路标的指示找到正确的路径。为了一览路标的信息，有些人费尽九牛二虎之力挤进人群，可这是徒劳的，他们最终还是走错了路。

如果让我选择，我只有在犹豫不定或运气较差的情况下才利用路标。并非所有的路标信息都是正确的，它们并不一定每一次都无误地指引你抵达目的地，所以不可过度依赖。当我们穿越 Europaweg 时，在瑞士马特陶我们经过曾发生过山体滑坡的路段，那里被人们标记了很多荒唐的指路符号；我们看见岩石上画有很多红色和白色的记号，活像屠杀北极野兔的血腥现场。

在寸草不生的地区，路标一般出现在枯树桩、巨石上，或者是大大小小的石堆。我对这些石堆感到不可思议。首先，堆石界标这个词源自盖尔语；其次，凡是有这种石堆出现的地方，都暗示着曾经有人类进入过这片神秘的土地；除此之外，它们还代表着一种非同寻常的社会价值：它们不仅告诉人们"这个石堆是我摆成的"，还告诉路人"你应该这样走"。于是，我们便产生了这样的想法——前人专门为我们效劳，虽然未曾相识，但我们应该相信他们。（推而广之，如果我们不幸走错了路，我们一定会将错误全部归咎于那些设路标的好心人身上。）因此当我们看到一堆表面上整整齐齐的石堆，却发现其内部却凌乱不堪，好像被谁故意破坏了一样，这时你也许对石堆所传达的路标信息更加警惕并持怀疑态度了。一些美国人把上述的堆石界标称作"duck"，然而这种叫法并没有什么神秘的源头。

山路旁边的堆石界标不仅能在恶劣的天气里为人们指路，还有另一层面的特殊意义。早期的商人和其他登山的人常常在山路旁用堆积石块的方式膜拜山神。在南美洲，印加人摆放石堆以祈祷山中神灵的保佑。日本的"山口"一词来源于动词

"给予"，其实说的就是这些小石块能用来祈福。对于不信神的人来说，他们往往在攀上高峰或到达山顶后，在路旁摆一座好看的石堆，为自己的胜利欢呼雀跃。

当然，路上有时也会出现让我们意想不到的情况。如果发现脚下的路突然无缘由地被一分为二，这时应如何选择？经过摸索，我们发现这可能是由于一棵大树倒塌，挡住了前面的路，也可能是因山体滑坡所致。如果旁边没有指路的标记，最好选择最新的一条路，并检查它的方向是否与自己的目标一致。不过有时为了跨越道路中的障碍，这条新路也可能有些绕道。然而如果你走在陡峭的斜坡上，最好不要走那些看起来非正规的捷径，因为它极可能让你遭遇危险。

澳大利亚的野生动物非常多，所以不要被动物们的脚印所误导：狭窄的行人路上常常会有浅显的分支，如果走错了，跨过矮小的灌木丛后就会走到袋熊的洞穴。非洲是大象的家园，所以要学会分辨大象的足迹（据我推测，大象的洞穴应该更加宽大）。森林里纵横交错的小路通常不会被印在地图上，它们大多是由伐木工人、猎人和采蘑菇的人走出来的。

我曾经在道路分岔口看见有人在前方闲荡，于是便毫不犹豫地向他们挥手问好，急于求成地选择了他们所走的那条路。没有研究周围的路标，也没有仔细查看手中的地图，后来不管怎么走也到不了目的地，回想起来才发现我被他们误导了。为了避免诸如此类的错误，最好在每一个岔路口停下脚步，斟酌一番后再作决定。而当你停下来休息或吃东西的时候，注意不要挡住路标，以方便其他人行走。

按照徒步书籍的路线前进

当你打算完全按照徒步书籍里的提示信息徒步时，一定要谨记作者易犯的错误，尤其是第一次出版的书。我从小就容易将"左"和"右"混淆——作为一名旅行指南的作者，这是我致命的毛病。令人惊讶的是，我没有收到太多愤愤不平的信件；也许我的读者已经走丢在野外，没办法向我抱怨。在采取书中所述的方向之前，最好核对你的地图，这样可以最大限度地降低迷路的风险。此外，旅行书籍和地图的出版日期也很重要，尤其对于行人路来说，它们可能会受人为因素的影响，随时间而发生变化。

徒步指南的出版形式完全取决于其内容：以小册子或散页形式印刷的旅行指南的阅读对象大都是匆匆的游客或周末外出度假的小家庭；若是以书籍形式出版，则可能有更多的徒步爱好者对它的内容感兴趣。在所有的出版物中，作者一般都会为徒步者估算步行的距离和海拔高度。有的作家也会专门在坐下来休息时用绳子更精确地计算这些数值。现在人们可以用高度表测量海拔，但有些作者却单纯地用高度计中的数字减去路线中的最低海拔值，而忽视了整个道路中的起伏状况。在距离、海拔、时间这三个要素中，至少我们可以准确地测出前两者，而徒步时间一直是个有争议的话题。马克·吐温在走完卢塞恩市附近的瑞吉库尔姆后写道：

> 旅行指南向广大读者纠正了自己的错误：纠正前，据说攀登瓦吉山只需三个半小时的时间，可修订后的时间被延长到三天。经过思考，我决意放弃这条路。

那么究竟如何计算时间呢？首先，搜集相关的读物，查找计算时间的方法；其次，根据个人情况考虑是否包括吃饭和休息的时间，如果是远足，我们应加算数小时。

熟悉当地的景观术语对掌握徒步书籍里的信息有极大的帮助。有的指南为读者附上外来词汇表，你可以以此作为参考查阅国外的地图。无论身在何处，只要掌握了确切的方向，便不会弄混"左""右"了。

就旅行指南的使用，我想最后提醒一句：尽量不要走反路，否则你将面临相当棘手的问题。有的作者可能会心血来潮地把通往某个方向的道路写得十分艰难——逆行的大风，或者下坡路很颠簸。这时你认为往反方向行走会更容易些，但请记住这只是他们的突发奇想。如果某条路一直走得特别平坦，没有书中所述海拔的变化，那么你就应该检查一下自己是不是走反了方向。总之，反向行走没有任何好处。

问路

在罗伯特·路易斯·史蒂文森看来，问路似乎是女性专做的事。是的，约翰宁可饿死，甚至宁可身体腐烂成兀鹫撕食的食物，也不愿意张口向人问路。对于问路得来的信息，他总是半信半疑，认为只有百分之五十的可信度。虽然别人不会故意欺骗问路者，但总会无意间打乱我们的计划。

然而很多人只会含糊不清地询问"我在哪里"，或者"我的目的地在哪里"，这种问路方式是最不可取的。我们应掌握问路的技巧，通过具体的问题找到正确的路径。我们一般都不善于用当地语言流利地和当地人交流，因此我们只想通过询问得到"是"或"不是"的答案。问路时你可以指着地图，抬一抬眉毛，这些细微的动作也许会产生不同的结果。倘若你只会说几个简单的词语，试着放慢语速，停下来解答你问题的当地人就会看出你是游客，相应地他们的语速也会放慢。如果你还是不明白他们的话，至少可以让他们用手为你指明正确的方向。

有时问路会让人对突如其来的状况感到措手不及。一次，我们在翁布里亚长满橄榄树的山坡上迷失了方向，遇到了一位老人，他正在收割野生芦笋，于是我们上前问他去波瑞塔村的路怎么走。他伸出手指向远方，但我们都认为那绝对是错误的方向。随后他询问我们来自哪里，当我们回答完后他大声喊道："澳大利亚！"并给了我们一个几乎让人窒息的"熊抱"。原来这位老人名叫朱塞佩，曾在澳大利亚南部的铁路上工作多年。在返回翁布里亚前，他一直寄钱回家，直到孩子们上完大学。他的女儿现在是一位考古学家，儿子成为了一名医术精湛的牙医。（孩子们真没有辜负朱塞佩这么多年的养育之恩。他笑得很幸福，虽然老得牙都掉了，可看起来依然那么可爱。）

朱塞佩为人十分热忱，坚持让我们去附近他的家里做客。在那里电话和热水澡是未知的奢侈品，我们看见了房间里三个波兰青年在那个橄榄收获的季节里熟睡着，装着橄榄的大桶依然残留着去年的橄榄油，而屋外的猪圈也是用来宰猪的地方，旁边的小房子里挂着熏干的猪肉块。朱塞佩对他的三只活猪格外喜欢，每一只都起了特别的名字，而他的猫却只被唤作"猫咪"。我们被邀请进入他家的主房，他的妻子正在休息。（其实他不好意思向我们说她只是自己的女朋友，84 岁的她和 78 岁的他可是同居啊）。参观结束后，朱塞佩拿出了复活节特别烤的奶酪圆顶面包，执意让我们品尝。他把巨大的像砖块一样的面包切开后，分一些给我们，让我们用他自制的红酒咽下，剩下的也送给了我们作为干粮。当我们要离开的时候，朱塞佩坚持让我们从他的橄榄树林里走。远处，依稀能看到小小的他伫立在那里，恋恋不舍地微微挥动着双手。

12. 路障与解决措施

　　漫长的徒步旅行不仅充满了成功的喜悦，也是对体力、耐力和人格的三重考验。对于徒步者来说，他们也许是这项活动小小的实验品——他们牺牲了家中舒适的生活，背着行李步履维艰地向高耸入云的山顶爬去，但是他们却欣然接受这种磨炼，一次又一次地完成自己的目标。这是一场充满欢喜与汗水的旅程，沿途令人目不暇接的美景，草原上野趣十足的动物，经历了一整天艰苦的跋涉之后，又能享受到地道的饭菜和温暖的淋浴，也许这所有的一切都是他们想要收获的，从无限的大自然汲取一种全然宁静的滋补。这些小小的战利品或许只是这项宏伟计划的一部分，可徒步者们却心满意足。他们不断用点点滴滴的收获激励着自己，从而内心逐渐变得强大而无法抗拒。他们的这种信念让我突然想到了莎士比亚的一句话："苦尽甘来"。

但是太多的逆境会使我们身心憔悴。除非你喜欢无休止的自虐，或因宗教原因而需要忏悔，否则你一定会想尽办法避开路途中危险难走的地势。一路上我们可能会遇到各种障碍。如果是湍急的洪流，周围一般都建有小桥；如果地势险峻，最好搭乘附近的缆车。缆车能为你省去很多不必要的麻烦，不过你可以根据自己的体力、装备等因素选择是否坐缆车。

人为的路障

有些当地人因不想让徒步者随意闯入自己的家园，用设置路障的方式捍卫自己的土地所有权。有的农场主在自己设的马棚外写着"小心公牛"的标语，他们不欢迎陌生人进入，因为里面的小马显然不会对我们造成任何伤害。除此之外，军事机构往往设立在风景秀美的地方，也严禁路人闯入。但很多情况下，它们并没有真正在此地进行秘密的军事研究。伯尔尼高原下坡处的森林里，行人路十分难走，然而我们却在半路看见一个非正式的标语牌，上面用德语和英语写着："此路已封闭——请留步等候！"仿佛有个人站在我们面前严厉地警告我们。于是我们像被命令一样站在那里等了许久，依然不见有人出来给我们领路。天色已晚，冷风嗖嗖，我们冻得瑟瑟发抖。这个牌子立在这里有多久了？瑞士人是不是跟我们开了一个残酷的玩笑？难道有人在一旁幸灾乐祸？可是我们丝毫不觉得这很好笑。我记不清究竟在此地等了多久，直到吃晚饭的时候。回想起来，我们之前好像经过了一个趴在地上用树叶伪装的男子，他正悄悄地对着手中的对讲机说着什么，可现在我们面前却是封路的标语牌。我真希望我们没有危害国家的公共安全，但事实又是什么样的呢？……

在远足旅行中我们不可避免地会穿过他人的私有领地——当地人长期占有的农场和棚舍（鸡舍、牛棚等），以及农舍门前的小路，仿佛只有沼泽地和瀑布这些无人问津的地方才是可以"随意进出"的，这似乎普遍存在于苏格兰、瑞典及挪威大部分农村地区。当你被告知"留步"时，你就不得不采取行动来克服这些障碍，比如翻越矮墙。这些矮墙大都不是用砂浆建成。出于保护历史文化的考虑，你自然也不想将之拆毁，但它们对你来说仿佛是一种考验。如果翻不过去，你将无路可走，所以在这种堪忧的紧急关头只能"迎难而上"。翻越矮墙也应掌握一定的技巧，英国作家亚当·尼科尔森写道："你一定要时刻注意着，不要被墙体擦伤。"他又强调说："我们的身体时刻受地球引力的影响，所以当攀上墙头的那一瞬间，想办法转移身体重心，这样我们就能接着像自由落体那样翻过墙去。"
我曾将尼科尔森的建议付诸实践——跟随约翰的脚步，我设法
灵活地变换姿势，还成功地在严寒的天气里涉过了一条浅河。
经过这次尝试，我十分赞同尼科尔森的说法。

倘若不幸遇到了挡路的铁丝网，我们都会感到愤愤不平，
因为拉网的人真是太自私了，他不仅奢侈地浪费了自然资源，
也摆明了自己的意图。那我们究竟应该怎样越过铁丝网呢？首
先，我建议你找到供攀爬或踩踏的类似梯磴的木架；如果一时
无法找到，从包里拿出一件你不太喜欢的衣服，扑在铁丝网
上；或者把背包垫在最下层的铁丝下，放下尊严，从下面的空
隙滚过去。很多通电的铁丝网并没有接通电源，但是我们仍不
能排除意外情况。这些通电的网墙一般由环状线拉成，用彩色
橡胶套管包裹的电线通常可以推开，这样你便能从空隙中钻
过，然后放开彩色电线，它便立即复原，不过这一系列的动作
很危险，请注意安全。

根据法律条例，即便在广大的乡村地区，行人路也被视为
国家公共财产，所以当地的土地所有者不得占为私有。作为徒
步者，我们必须经常和建栅栏的人沟通，因为这些栅栏虽然可
以围圈牲畜，但没有理由阻挡路人。农民通常不是伟大的思想
家，所以给他们做思想工作也比较容易。但是如果你十分盲目

地闯入他们原本圈好的土地，他们会毫不犹豫地捍卫自己的"权利"。有时候我们会遇到很多奇形怪状的门。我最喜欢"接吻门"，这是一个位于 V 字形篱笆顶端处的小门，它几乎让我们所有人都无法通过。假如你体型过胖，这对你来说绝对是件难事，而我们每个人都背着沉重的背包，放下它通过显然更容易些。这些门上通常有各式各样的扣绊，如果上面复杂地缠绕着铰链，在确定主人家没在一旁偷偷监视后，果断地踩着铁链翻越大门。我认为这种方法最省事，因为你所遇到的门通常都是关闭的。

运气较好的时候，门的旁边可能砌有梯磴，于是我们便可踩着梯磴翻越围栏或围墙。有的梯磴比较窄小，只容一脚踩踏；有的则结构巧妙，从墙面支出一块块类似梯面的短石阶。这些梯磴的受力面十分小，数目一般多于五个，必须踩稳了才能安全地翻过去。

拦牛的木栅栏通常为四方平行的，它们在澳大利亚、加拿大和苏格兰的农场十分常见，一般双脚较大的人比较容易翻越。翻越时，必须身手敏捷，按惯性转移身体重心。

生活在车水马龙的城市，过马路是我们每一个人生活中习以为常的行为，可是当你在车辆稀少的乡下徒步数日后，再次回到繁忙的公路旁，也许这时会感到有些手足无措。我们在英格兰北部沿着海岸线徒步时，不得不穿过三个主要的高速公路，幸好前两个高速路旁建有人行天桥。站在天桥中心，我们得意地向下张望疾驰而过的汽车；自以为是的我们在到达了第三个马路后，突然发现那里没有天桥，于是我们鼓足了勇气在八个车道宽的大路上猛冲。那晚我们安然地坐在酒吧里，导游告诉我们那几天那条路线发生了很多起由于路人横穿马路酿成的伤亡事故，这给我们在场的所有人都敲响了警钟。

横渡溪流

但凡遇见向东湍流的河，我都希望能有一座结实的桥让我安全地抵达对岸。然而有一次面前的吊桥腐朽破旧，近乎有三分之二的木板已经缺失，我很清楚贸然上桥的严重后果。虽然在地面上我总是勇往直前，但面临这样的困境，不免有点战战兢兢。考虑到我的感受，约翰常常护送我过河，好在我的体重很轻。我们曾在科西嘉岛见到一座简易得令所有人惧怕的行人桥，旁边标识牌上写道："此桥仅在洪涝时使用过"，这令我更加惶恐不安。走在吊桥上，我感到十分眩晕——桥由绳索牵引，总是上下左右不停地晃动，我生怕自己掉下去。

每当大雨初晴或冰雪融化，涓涓溪流可能从四面八方集聚起来汇成一条激流，挡住了你的去路。当地人一般不会专为这种临时的水域建桥，因此必须卷起裤腿蹚水而过。在涉水之前，应研究好相对安全的踩踏点。如果是溪流上游，你可以选择绕道而行。有的河床里有一条条沟渠，当你侦察好地形，选择渠面较宽、较浅的地方作为落脚点——往往越窄的渠道水流越急，失足的可能性就越大。如果遇到多石的河床，就不应该赤脚涉水，即便伤口很小也可能造成严重的后果。在寒冷的天气里，最好脱去鞋袜，换上轻便的防滑鞋，蹚水后再换上干燥的袜子可以使体温迅速回升。这时可以将登山杖视为涉水最好的帮手，它不仅有助于保持平衡，还可以用它判断溪水的深浅。如果担心滑倒，那么解开背包的胸带及腰带，以防摔倒后撞到石块上（这时背包能起到保护垫的作用）。保持小步前进，抬脚前确保每一步身体都能稳稳地站在水中。如果水势很大，和同伴交相行进，抓住对方的手腕，侧身前进。

　　过河应注意很多细节。如果面前的河水看起来十分诡谲，我还是建议你放弃渡河，不要做无谓的牺牲。我们曾为了当晚赶到布雷马的住处，试图横渡苏格兰的迪河，它是一个大弯河的支流。当我们蹚到了河中央的浅滩处时（无意间打扰到了附近巢窝里的蛎鹬，它们属于国家濒危级保护动物），发现只能从一条炭黑色的沟渠通过。于是我们不得不放弃涉水，也不想再打扰那些嘎嘎叫的鸟儿，返回岸边多走十公里绕过那条河。

运动的大地

雪崩或泥石流这些现象只有在非常偶然的情况下才会遇上。在雪崩或泥石流多发的地区，一般都沿路立有警示标牌。我们也可以通过观察来判断此地是否危险：看看周围的树木是否完好，或者山面是否罩有防护网。如果不宜久留，最好加快步伐走出危险的区域，千万不要停下来吃野餐，因为谁也无法预测山崩突发的时间。如果真的遇到雪崩，你只能老老实实地待在原地等待搜救。阿尔彻在纽约《太阳报》上发表了许多专栏文章，在唐·马奎斯的帮助下攀登珠峰时：

> 海拔大概是一千英尺，
>
> 我正好遇到了雪崩。
>
> 经过一番思索，
>
> 这个早晨，我们决定放弃。
>
> 我最终返回了起点。

阿尔彻经过了深思熟虑之后逃回了山下。我的母亲曾经在苏格兰登山时陷入一次雪崩困境，她奇迹般地凭借冰镐逃生。徒步是一种更谨慎的选择——在意大利，我们已经设法完全躲开了雪崩，可没想到又陷入了地震的困境，而地震后我们又遇到麻烦事。震后的村庄一片废墟，电视节目摄制组前来拍摄救援重建的现场，可当他们看见我们坐在翁布里亚的贝瓦尼亚悠然地吃着比萨饼，便上前要对我们进行采访。可是作为游客的我们应该如何应对这个场面呢？我们是不是应该改变旅行计划？是不是应该和当地居民一样关注自己的福利？当大地震颤之时，我们还在酣甜的睡梦中。我对采访者并没有什么许多话要说，但这也许是我们唯一能出现在意大利电视荧屏的机会，所以我们让摄像头对准了那些正在进行维修的历史遗迹。

人为措施

政府大力建造了以实用为目的的基础设施，使徒步者从中获益。一路上我们看到很多以前修建铁路或大坝时留下的隧道，这些隧道通常深不见底、漆黑无比。所以为了照亮道路、谨防脚下的水坑，应该戴上头灯，尽管这看起来让人感觉傻乎乎的。

第一次世界大战后，驻扎在多洛米蒂的军队留下了大量的防御工事。为了向出没在教堂尖塔上争夺边境的意大利和奥地利军队提供物资，峭壁上建起了许多铁索、铁梯和金属环。如今这些设施使普通徒步者感到刺激，并深受他们的喜爱，但是它们通常只向攀岩者和登山者开放。此外，还附设简单的装置保障徒步者的安全。在法国和瑞典，有关部门也在一些新线路设置了类似的保护措施。北美地区也建有固定的索道，以帮助徒步者顺利登上约塞米蒂半圆顶山的东壁（半圆顶山呈弧形，不像其他山那样有高耸的尖顶）。

在高海拔地区我们对铁梯司空见惯，我们可以借助它攀爬陡峭的岩壁。若要攀登勃朗峰对面的红峰，可以沿着漫长的徒步者路线行走。那里的长梯看上去是垂直的，但在第一条和第二条铁梯的连接处，有供人喘气休息的地方。如果你不喜欢爬铁梯，也可以选择另一种攀登方式——使用固定于山面的绳索。假如你是一个狂热的铁梯或铁索迷，我建议你去东欧的高塔特拉山和非洲南部的北德拉肯斯山探险。

搭车

在令人略感无味的漫步里，你可以通过便捷的搭车驱散厌倦的情绪，好在法律没有禁止这样做。毕竟，没有人知道，而且你不必有任何罪恶感。这种方法也适用于多山的国家，尤其是设置了电缆汽车、缆车铁路或缆车等多山地区。显然，背着沉重的大包爬铁梯，动作会变得相当笨拙；为何不试着让一名同伴携带大家的行李，乘缆车提前上山，为后面的人看管行李呢？大多数情况下，你的身边不会有护士为你包扎膝盖。如果你确实想从地面自己走，那么你在途中所使用的手机话费和其他费用的开销也会增加。

同样，对于徒步者来说，搭乘其他形式的运输工具也是可行的。如果你准备在半路乘坐公共汽车，应事先把地图拿在手上，向司机指明你想去的地方，然后尽可能坐在公共汽车的前面。可是有的道路人迹罕至，并不总能如愿地发现公共运输工具。有些村庄里没有出租车，所以只能在酒吧里寻找愿意载你的司机，前提是必须向对方支付一定的费用。这种方法往往比免费搭车可靠，因为别人知道你的行程安排，也会根据你的情况决定路线和行驶时间。如果晚上知道第二天要走一段十分漫长的道路，我们就会主动找一些朋友，或在停车场寻找愿意为我们提供服务的司机。

电子设备的发明真是令我们徒步者喜忧参半。在真正紧急的情况下，它们确实功不可没，然而现在却有很多新手在远足时太依赖于用电话求助。更糟的是，他们总是频频打开个人定位的信号发射仪，让政府为自己派遣救援服务。我认为，在向他人发出求救信号之前，最好能够先进行合理的自救，除非队伍中有人受重伤，或者迷路，或者因恶劣的天气而困在原地。劳累完全不足以成为发送这些求救信号的借口，因为你已经严重影响了急救人员的生活。

如果真正陷入了大麻烦，而手边又没有前面所说的专业求救装备，你可以使用国际救援信号引起远处他人的注意。求救时，每分钟发送六个短暂的信号，一分钟后再继续重新发送，直到有人回应你。另外，吹求生哨也是一个不错的求救办法，但有的人可能将求生哨声误以为噪音而不加理会。这时应试着吹出有规律的求生哨，等待有人响应。除此之外，把颜色鲜亮的衣服套在背包外面，披在身上，以协助救援人员搜索。假如背包里装有救生毯，应尽快打开以吸引别人注意。当上空有直升机飞过，把双臂举成"Y"字形，并清除地面的杂物，方便直升机着陆。这种"Y"字形意味着"yes"，飞行员看到后便知道你需要帮助。假如你不需要帮助，沿着对角线举起两臂，一高一低，就意味着"no"或者"我们很好，不需要您着陆"。

只要装备合理，一般的旅游保险至少会支付紧急事故中的医疗费用。出发前好好检查你所购买的保险，因为尤其在美国，偏远地区的救援成本很大，它可以为你省下不少开支。我从没有坐过直升机，因为我总是有意识地避免额外开销。

13. 天气状况

　　徒步者总是随意地或者不得不观察天气的状况。在室内，外面天气的好与坏都不会影响我们。然而出了门，变幻莫测的空气漩涡主导着外界的阴晴雨雪。自古以来，大气系统对我们人类的祖先就有着非同寻常的意义：它决定我们居住地是否蓬勃发展，并影响人类种族的变异。我们不得不承认天气的强大力量，因为它能够塑造和毁灭这个星球上所有的生物。地球变暖严重影响了生态环境，致使很多地方出现极端的天气状况，因此对于徒步者和全世界的居民来说，这永远是一个悲讯。

　　根据某一区域的气候条件，我们可以通过预测其平均气温来决定该区域是否适合徒步，并据此选择合适的行走路线。然而天气总是像个喜怒无常的孩子，时常发生令我们意想不到的戏剧性变化，所以人类必须想办法去配合、去适应。逆水行舟，不进则退。最糟糕的天气时常伴随着最为险峻的地形，因此必须作好充足的准备，将困难转化为前进的动力，迎难而上，永不服输。热衷于徒步事业的 G. M. 特里维廉声称："天气总是和我们眼中的风景一样频频变化。"纵使是忧郁的约翰·罗斯金也会罕见地向我们展现他乐观积极的一面："我相信风雨过后便会迎来初晴的彩虹。"我想，当你躲在安全的家里，看着窗外肆虐着的狂风暴雨时，心里也一定会这样想。

观天

不是每个人都想拥有预知未来的超能力。两鬓斑白的英国作家杰尔姆·K·杰尔姆说："谁真的愿意被告知天气呢？当坏天气来临时，已经够糟糕的了，如果我们提前得知了这个坏消息，我们的心情将更糟糕。"确实，虽然我事先得知天气状况，大部分情况下并不会因此而停下前行的脚步，除非我有另一条天气状况较好的路线可供选择。在高海拔地区我们时常遇到多云的天气，低压的云层总是阻挡我们的视线。我是一个未雨绸缪的人，因此比较适合提前获取天气信息，作好最坏的打算。如果情况没有预期的那样糟糕，我会感到些许欣慰。

在有些地方，预测天气是一件十分简单的事情。当地人告诉我，如果可以看见本尼维斯山的山顶，就说明即将下雨；若看不到，则已经下雨了。事实上，不光是这座"臭名昭著"的山峰，在其他的很多山区也可以用类似的方法预测天气，但不同的高度有不同的判断标准，徒步旅舍和游客中心一般都贴有相应的公示。另外，你还需要掌握当地最简单的语言，学会说几个天气词语。为了不让坏天气影响行程，可以及时和当地人沟通。

在设备条件较落后的地区，你可以利用自然指标判断天气的好坏。古人为我们总结了一些十分珍贵的经验："晚霞是牧民之喜，早霞是牧民之忧"，这个民间说法同样适用于徒步者。"如果云层朝不同方向移动，马上就要刮风下雨了"，这句俗语虽然更简短，但却告诉我们，暴风雨来临之前往往先发生风切（高度不同，风向也不同），所以可以根据风向自己辨别天气。一般来说，中纬度地区为西风带。

通过巧妙地观察云和云层的变化，我们也能较准确地预测天气。云通常有两个变量：形状和高度。云是停留在大气层中水滴或冰晶胶体的集合体，主要分为层云（拉伸状）、积云（团堆状）、卷云（纤维状）和积雨云（大概指夹带雨水的云）。这些形态的云漂浮在不同高度表示不同的天气状况。例如，若积云比较蓬松，看上去像一团棉花球，则表明天气晴朗；但如果它们层层堆积起来，形成高耸的积雨云，这时你就应该警惕了，因为一场暴风雨正处于酝酿之中。要是它们的顶部逐渐变成形如铁砧的卷曲状，则说明这场风暴将十分猛烈，迫在眉睫。若积雨云被染成了绿色，应该马上找个安全的地方躲起来，因为过一会儿就要下冰雹了。通过高卷云预测天气更加准确，如果看见湛蓝的天空中高卷云由于风的吹拂而变长，这通常预示着天气即将在二十四小时内变冷。卷积云的中层或高层如果看起来像鱼的鳞片（被人称为"鱼鳞天"），或者像荡漾的涟漪，则预示着冷空气的降临。高层云通常携带水分，如果它们十分厚重，成为较低的雨层云，则可能预示着长期降雨。

我最喜欢的是荚状云①，它们在山顶好像飞旋的陀螺。荚状云通常在空中的上升气流和下沉气流的汇合处形成。当上升气流使空气绝热并冷却形成云时，如果遇到下降气流的阻挡，其边缘部分会因气流下降而逐渐变薄，最终呈现出上端庞大、下端窄小的形态。虽然看起来很稳定，但实际上它却预示着多风的天气。

---

① 荚状云的云块呈豆荚或椭圆形，扁平状，轮廓分明，偶尔出现彩虹。

阳光

我喜欢走在寂静的夜里，因为它能给我带来一种莫名的乐趣。然而我们大部分是在白天行走，因此我们必须知道当地的白昼时间。相反，夜间行走潜在很多危险因素，所以不要尝试爱尔兰小说家威廉·特雷弗的做法，他"曾在夜幕降临时攀登阿尔卑斯山"。尽早起床，尽早出发。我讨厌自己的懒惰，因为我总是错过日光降临时那令人喜悦的一幕。

温暖的阳光沐浴着我们的身体，使我们产生了维生素 D；而如果不晒太阳，就会渐渐变得抑郁低落。任何事物都有两面性，如果光线强度过大，紫外线辐射过多，皮肤将受到不可救药的伤害。通常欧洲的徒步者不喜欢戴帽子或采取其他防晒措施，而澳大利亚和非洲的阳光伤害指数极高。此外，即便是在较冷的天气里，高海拔区域的紫外线也能灼伤皮肤，令人防不胜防。

甚至在阴天我们也使用防晒霜，但不要往额头上涂抹：因为汗水和防晒霜的混合物对眼睛有害。试着找一个自己喜欢的品牌，每隔数小时就涂抹一次。戴一顶宽边帽，使用唇膏以保护嘴唇。如果经常使用登山杖，在手背处也应涂上防晒霜。途中我们可能路过雪地、水面、白色岩石或者广阔的沙地，它们浅色的表面可以反射强烈的阳光，因此戴一副墨镜，以保护眼睛不受强光的伤害，而在天空阴暗的时候可以摘掉墨镜。每次我都会遇到这种尴尬的事情：脱掉袜子后，发现脚踝以下的肤色很雪白，然而上面的身子却是轻微的古铜色，感觉自己像个小丑，太奇怪了！

气温

每一个人都有自己觉得舒适的气温范围，因此应根据自身的喜好选择徒步的时间与地点。气温的变化幅度一般比较有限，除非体温变化超过正常标准，否则你不会感觉自己突然像泡在冰冷的泳池里，或者坐在熊熊燃烧的火焰上。

炎热的天气对于短距离路线的徒步者来说，没有太大影响，然而在较长的行程中，中途应寻找阴凉处纳凉和休息。为了防止中暑，应该多喝水。如遇到溪流，把帽子摘下来浸湿后戴在头上，把手帕也浸湿，敷在灼烫的颈部。这种方法不仅能减少人体的出汗量，也可以吸收更多的水分。天气太热，出汗可能引起身体不同程度的脱水，并致使身体处于一种疲劳和难受的状态。如果有人感到不适，试着寻找阴凉处，把浸湿的手帕围在他的脖子上，并让他多喝水。症状严重的话，会出现心跳加快、呼吸急促、神志不清、眼花、头痛等现象。这时他可能已经中暑，应该尽快用湿衣服盖住他的身体，或者让他泡在附近的水里，控制其中暑的程度，避免病情恶化，否则可能会导致死亡。这些应对方法都比较简单可靠，所以不要过于惧怕高温天气。

一般来说，海拔越高，温度越低。当你走动时，只要穿上足够的衣服，寒冷并不是什么大问题，因为身体在不断地产生热能，足以让你保持温暖。另外，也应注意饮食，做到吃饱吃好。食物能够为你提供能量，从而加强身体的抵抗力。不要穿太厚的衣服，否则出汗后会感觉更冷。即使在寒冷的天气里，我也喜欢穿短裤。穿好袜子，戴上手套，最重要的是要戴一顶羊毛或保暖的帽子——因为身体三分之一的热量都通过头顶散发。

在寒风凛冽的冷天里，穿太薄的衣服或潮湿的衣服将导致体温急速降低，即失温，可能会出现疲惫和困倦等症状，这时同伴应及时查看他的病情。若出现精神不振、走路磕磕绊绊，或者不能重复你的话（最好用温度计量一下体温），就应立即停下来，找一处能够挡风避雨的地方，脱去潮湿的衣服，用温暖干燥的睡袋将身体裹住，然后喝些热饮、甜饮料或吃些热的食物。

奇怪的是，我有很多朋友包括约翰在内，患有雷诺氏循环系统障碍，即在寒冷的天气里手指由紫色变成黄白色，最终麻木。寒冷的暴风雪曾使约翰受尽了折磨，后来他为了使手指保持干暖，在防水的外层手套里面再套上一副保暖的手套。

风

风的定义是指跟地面大致平行的空气流动，是由于地貌差异或冷热气压分布不均匀而产生的空气流动现象。当空气吹向山体，受阻被迫上升并不断加速时，最终可能会出现降雨或降雪。当风通过山顶，在瞬间而下时，这时的风一般比较干燥，但速度迅猛。这种从山顶向下吹的风分为冷风（科罗拉多州）和暖风（法国南部），通常持续数天。沙漠里的风尤为灼热；人们对从撒哈拉大沙漠吹往欧洲南部的干热风的叫法不同，意大利人称之为"西罗科风"，而西班牙人则称之为"累韦切风"。虽然风总是令徒步者不愉快，但我们却能利用它分析地形。

强风使我们感到心急火燎，因为它总是冲击着身体的各个部位和关节。不但如此，我们的脸、耳朵和鼻子都被吹得红扑扑的。逆风行走真是一种体力活，额外消耗了我们的体能。有的强风会引起更多的麻烦，不仅降低温度，还诱发低温。巴塔哥尼亚的徒步者最为不幸，他们经常遭受从南极直接吹来的冷风的袭击，但这依然无法阻止人类的探险。

除此之外，其他类型的风也十分危险。沿着海岸悬崖吹来的风尤其猛烈，所以应该远离悬崖行走。在树木繁茂的国家，大风更可怕。踏入澳大利亚的荒野，我们找到了一块大岩石，并决定在那里休息。虽然周围长满了树木，但我们的背包还是被大风卷进了岩石下的溪水中。如果预知强风将要到来，一定要尽可能地待在海拔较低的地方，千万不要去悬崖边徒步，体型较小或体重较轻的人尤其应该提高警惕。

湿气

低云或雾气能够阻挡视线，使我们难以辨别方向，然而并非总是如此。一次我们被困在利古里亚森林的大雾里，当时正是狩猎野猪的季节。正在焦急之际，我们听见了远处传来一阵阵意大利猎枪的砰砰响声。即使法律禁止猎人朝游客开枪，但这些长着石头般脑袋的猎人却无视政府的禁令，依然我行我素。无奈之下我们赶紧掏出背包里的白色纸巾，捏在手里，在头顶挥动的同时大声唱歌。这是我唯一一次在野外如此卖力地唱歌。

野外徒步需要带上雨衣和背包防水罩。虽然在雨中走路会让人感到阴郁，但这也未尝不是一件好事：你可以呼吸清新的空气，郁郁葱葱的植物经过雨水的冲刷，显然格外绿意盎然，充满生机，而且沿途的瀑布也是不错的景色。只要防水措施到位，我们可以忍受一整天的降雨。如果当夜留宿的旅馆温暖干燥，我们甚至会沉浸在淋雨的乐趣中。你可以戴宽边帽防止小雨淋在脸上，不要等全身湿透了才肯穿雨衣；雨衣不仅可以防水，使身体保持干燥，而且防寒效果也很好。我讨厌没完没了的大雨，所以遇到这种天气，我总是将自己武装起来。

不幸的是，倾盆大雨可能引起山洪、泥石流。山区溪沟中暴涨的洪水流速大，冲刷破坏力强，水流中夹带泥沙甚至石块等，危害极大。在峡谷和植被较少的地区，应注意加强大雨后出现山洪的防范措施。

当积雨云内的小水滴不断碰撞形成较大的水滴时，它们就开始下落，而地面的热空气却不断上冲，两者之间的摩擦使积雨云底部产生负电荷。当水滴从云中掉下来时，空中的电荷开始放电，于是便形成了众所周知的雷阵雨天气。我们可以在任何地方看到降雨，但常常只有在夏天的午后才能在山间遭遇雷阵雨——所以应提早出发，在雷雨发生前到达目的地。雷阵雨通常是短暂的，它能够降低灼热的气温，使周围的景象焕然一新。然而如果徒步者太接近雷电密集区，可能会被闪电击中，后果不堪设想。雷以每秒331米的声速传播（大约每3秒前进1 000米），那么从看见闪电开始计时，到听见雷声为止，用时间乘以声速即可得出闪电离你的距离。雷雨的移动速度通常是每90秒1 000米，当你看见闪电的30秒内听到雷声，应该尽快寻找躲避的地方。

在此，我给出一些小提示：

● 寻找沟渠或低地。

● 避免站在高地，尤其是悬崖边和孤树下。

● 如果在平坦、空旷的地方，赶紧趴在地上，不要傻乎乎地站着。

● 水能导电，所以远离水。

● 不要徘徊在小屋的门口，也不要躲在浅洞里。

● 人多的情况下，在户外尽量散开，最好和其他人保持10米左右的距离。

● 双脚接地时，尽可能地并拢（对有的人来说，这个动作很难，但必须保持这个姿势）。

● 如果身旁有一些干燥的绝缘物，将之放在地上，双脚合拢坐在绝缘物上。

● 远离登山杖、小刀、背包的金属架等一系列能够导电的金属制品，关闭手机等。

● 用双手捂住耳朵，减少听力损伤。

只要你做到了这些，你就会有百分之八十的生存机会。如果身旁有人不幸被闪电击中，你可以放心地为他处理其他的事情，因为电荷不会保留在体内。这时如果受害者停止呼吸，就要为他做心肺复苏术[①]，并对电击烧伤的皮肤进行简单的处理：把烧伤的皮肤浸在冷水中，然后用干燥且干净的衣服包裹。要知道，受害者的视力或听力可能受损，你必须帮助他走路。

有的地方炎热干旱，雷击可能会引发森林火灾。这不仅经常发生在澳大利亚丛林和北美的林地，欧洲南部的科西嘉岛、撒丁岛、希腊、普罗旺斯、利古里亚、西班牙和葡萄牙等都是森林火灾高发的地区。而且最好不要选择那些太过干热的地区，也许你的身体无法接受如此严酷的考验。

冰雹来自对流特别频繁的积雨云，通常发生在暴风雨之

------

① 单人心肺复苏的操作程序可简单地概括为三步：1. 判断意识是否存在，并且有无自主呼吸；2. 口对口吹气；3. 判断脉搏是否消失，进行胸外心脏按压。

前。云中的上升气流要比一般的雷雨云强，小冰雹是在对流云内由尘埃粒子在上下活动的过程中和过冷的水滴碰撞而产生，当云中的上升气流支撑不住时就落到地面。冰雹主要发生在中纬度大陆地区，通常山区多于平原，内陆多于沿海，我居住的地方就时常下冰雹。如果在户外碰巧遇到冰雹，一定要保护好头部；大冰雹外形锋利，杀伤力极强。

雪同样是由尘埃粒子形成的，但外形绝对比冰雹好看。走在雪中，内心似乎升起一种诗情画意般的感受。我们曾在瑞士的彭尼内山遇到一场迷人的降雪，白白的雪花落在手上，六边形棱角分明，十分好看。就算是再冷的天，遇到这样的雪我也会感觉非常愉快，除非脸被寒风刮得快要裂开。在雪中行走，你应该每隔一段时间拍打一下背包，使其保持干爽，否则停留在背包接缝处的雪会受热化成水渗入包里。只要注意保暖、保持身体干燥，短暂的暴风雪可以是令人兴奋的。至少 G. M. 特里维廉是这样认为的："在与强烈的暴风雪对抗的过程中，我体会到了徒步最大的乐趣。在短时间内，甚至产生了一种忘我的状态，狂喜地跳跃着、奔走着。"然而这条道路虽然使我们收获喜悦，但却未免有些极端，我敢肯定，一定会有更好的道路等待着你。

彩虹

你不必担心天空中的彩虹，因为我想在这一章的末尾点缀一些积极的色彩。风雨过后，门外的彩虹格外美丽，它好像一座通往神秘国度的桥，正如华兹华斯在诗中写道：

> 当我看见了你，
>
> 我的心都跟着跳跃。
>
> 天空中的彩虹啊，
>
> 它诞生了我，
>
> 让我渐渐长大，
>
> 步入老年，
>
> 然后死去！
>
> （摘自《彩虹》（*The Rainbow*））

雨后，太阳光照射到空气中的水滴，光线被折射及反射，从而在天空中形成拱形的七彩光谱。这是我对彩虹形成原理的解释，而这个名词的科学解释却太简练了："是气象中的一种光学现象"，没有具体分析其成因，有些遗憾。彩虹的出现时间一般为傍晚。如果幸运的话，你还能看见尤为罕见的双彩虹，即在平常的彩虹外边出现同心但颜色稍显暗淡的副虹。副虹是阳光在水底中经过两次反射而形成的，其颜色排列次序与主虹相反。历史上有记载，古希腊人首先看到了双彩虹，而"亚历山大的乐队"（20世纪初的爵士乐队）也目睹过这一神奇的景象。

同样，我们也可以利用彩虹预测天气状况：早晨的彩虹预示着阵雨，而傍晚的彩虹却预示着次日晴朗的天气。它真是太神奇了。

14. 健康的敌人

　　本章的标题也许会令你望而生畏，但健康的确是我们每一个人不容忽视的问题。徒步是一种崇尚自然、崇尚健康的活动，然而我们可能会遇到很多令人措手不及的事情。这时，明智的人用冷静的思考应对各种情况，而愚昧的人只能手足无措。

　　最常见的健康问题是重感冒和肺部感染，高海拔地区的天气时常阴晴不定，一旦你患上任何疾病，都将难以恢复。约翰多年来总是被身体的硬伤困扰着，他不仅血液被感染，心脏也不正常，因此任何时候都可能犯病。除此之外，他还在 20 年前的远足中碰到了最糟糕的事情——脚踝扭伤和严重便秘，不过最终还是强忍着病苦战胜了它们（幸好扭伤和便秘不是同时发生，要不然约翰可有的罪受了）。便秘是我们每个人可能遇到的消化系统常见症状，若毒素无法正常排出体外，我们便会感到腹胀、心烦意乱。总之，它是危害身体健康的隐形杀手。

卫生

人的生命被划分为一个个基本的小单元，身体性能与我们的日常生活有密不可分的关系，因此身体内部的运动便成为一个值得讨论的话题。事实上，几乎所有的旅行书都谈论野外的卫生问题，而在此我先为读者讲一讲野外如厕的一些注意事项。

在设备条件欠缺的野外，你必须学会灵活地适应各种环境。显然，对于人类来说，如厕的最佳姿势是蹲位。如厕前，应准备一些卫生纸或质地较薄的纸，除非你愿意凑合着用地上的软叶擦拭；选择较为隐蔽的地点，用后脚跟、短棍或登山杖刨出一个小坑；事后，用身旁的沙土将排泄物连同卫生纸一起掩埋。（试想，如果我刚刚畅饮了甘甜的溪水，却无意间看见路旁有被人丢弃的厕纸，我肯定想一下子把胃里那些被污染的水全都吐出来。所以当你选择如厕地点的时候，尽量不要在河水、溪水和道路附近。）纸在自然状态下需要一定时间才可分解，所以最好使用袋装的卫生纸。现在，有些环保意识较强的组织向徒步者发放"排泄袋",这样他们什么都不会留下了。

　　针对约翰的便秘经历,美国医生舍伍德·戈尔巴奇曾打趣地说:"旅游让人拓宽了头脑,也让人放松了肠子。"然而南美洲、非洲和亚洲南部地区的食品卫生标准各不相同,在可选择的情况下,一定要避免吃那些受到污染的食物。如果参加了徒步组织,或许你对眼前的食物无从选择,但厨师至少应明白食品准备和安全处理的原则。同时,你也要讲究个人卫生:不要用脏手接触食物,吃饭前记住要洗手。腹泻对我们来说是一件很不愉快的事情,也给我们带来了极大的不便。(我们在南美洲徒步时,拉尼突然停下来大声叫道:"哎呀!"同伴迈克询问她是不是把什么东西落下了,可是拉尼摇了摇头,因为她不小心拉了一裤子。直到现在,拉尼依然建议徒步者们携带湿纸巾,因为上次的事情让她尴尬不已。)腹泻一般在一两天内即可得到缓解,但患者必须注意不要使身体脱水,所以在腹泻期间应大量喝水。如果你没有携带袋装的补能粉,可以按1:8的比例将盐或白砂糖溶入一杯干净的水中取而代之。

　　一些女性用品,比如卫生棉条和卫生巾,用完后应及时掩埋或装进袋子带走。很多女性认为经期使人行走不便,在这里我极力推荐广大女性徒步者选用卫生棉条,因为它不影响穿着和运动,适合野外行走。有些女性持续服用避孕药以推迟经期，来月经的女性在野外被熊攻击的几率更大——如果你打算去阿巴拉契亚小径徒步，不妨考虑这个方法。

出发前最好去医院检查牙齿，不要怕麻烦，一旦牙齿出了问题，对身在偏远农村的你来说可能是一场噩梦。同时，记着去理发店修剪头发。

一路上请注意保持个人卫生，虽然有时很难顾及到这一点，但它却与我们的健康息息相关。有的地方没有自来水，你可以装一小管杀菌洗手液，在小溪或湖里洗手时使用。罗伯特·路易斯·史蒂文森曾热情澎湃地说："能在塔恩河这条神圣的河流中洗手，我突然有一种庄严的感觉，好像自己正在进行半宗教式的敬拜。"无论是洗手、洗脸，还是洗衣服，都应减少肥皂或洗涤剂的使用量，尤其是在流动缓慢的水里。这些清洁剂对生态环境有害，磷等物质造成水体富氧化，使浮游生物大量繁殖，破坏水体原有的生态系统平衡，所以环保型清洁剂是最好的选择。夏日将清凉的河水敷在脸上、脖子上和腋下，会感到神清气爽，好像顿时身体充满了力量，焦躁与倦意顿然全无。严寒的天气致使水温冰冷，为了防止手指冻伤，可以临时制作一个简便的"洗衣机"：将一条小毛巾的一头放入水中，另一头攥在手里，然后画圈快速搅动，这样毛巾就能与浸泡的衣服发生摩擦，洗去污渍或汗渍。

一些旅舍为徒步者设立了淋浴的地方，洗澡须向主人支付一定的费用，通常用纪念品代付而不是钱币。我总是在脱衣服前先了解如何使用淋浴喷头，而且应尽早打肥皂，以防水不够用。根据惯例，洗漱的时间为晚上，避免早晨泡脚，因为软化的皮肤容易擦伤和起泡。不要使用除臭剂，走路时脚部出汗有利于体液循环（而且远离城市生活的压力，身体排泄物的气味也许不那么难闻）。徒步时尽量避免使用化妆品，它们不仅会增加行李的重量，而且在美国的林地香味容易引起熊的注意。

利用酒店或旅店的洗手盆，我一般在晚上洗袜子、短裤和衬衫。我们通常自备晾衣夹，以防晾住时他人混用，其实卷起的袜子也可以充当晾衣夹。肥皂和洗发水都能用来洗衣服，而对于路途较长的旅行，可以携带一管浓缩的洗衣液。如果天气晴朗，将小毛巾和袜子系在背包外面，很快便能晒干。裤腿处的泥土一经变干，拍一拍就抖落了；不用太频繁地查看外衣，因为有时你只能等回程后才有时间清洗。

顺便说一句，如果你的外套是 Gore-Tex 面料，回家洗涤后应将衣服用中温烘干或用低温蒸汽熨烫，这有助于恢复衣服表布的抗水性；如果外套很脏，既有汗渍又布满污渍，可选择干洗。

脚伤与腿伤

走路是脚与腿互相协调才能完成的动作。作为徒步者，我们更应该保护好双脚和双腿，但有时它们却因一些变故无法完成你所下达的命令。我很庆幸自己能有一双健康的脚，它们也是我身体最强大坚忍的部位。然而当我脱掉鞋子和同伴们比较时，才发现它们看上去丑陋得可怕——脚趾甲太长了，甚至磨破了袜子。这个打击令我不再那么沾沾自喜，总结了我的经验教训，你是不是现在应该做些什么呢？对了，记住定期修剪脚趾甲！

水泡

我在前面的章节里提到过防止脚起水泡的诀窍——穿合适的靴子和袜子。水泡其实是由于长期摩擦而导致皮肤表层灼伤，最初的迹象是脚面出现红色的热点。如果不能及时对伤口涂抹膏药或进行包扎（这些医用品药店通常有售），红点部位就会填充组织液形成水泡或脓包。不过水泡出现后，用绷带包扎的治疗效果最好。假如水泡破裂，用抗生素软膏涂抹，并用消过毒的绷带包扎，定期检查伤口是否有二次感染的迹象。

第一次世界大战期间，有成千上万的士兵在战壕里遭受脚部病痛的折磨。为防止失血过多，他们连续几天都穿着冰冷潮湿的袜子。要知道，穿湿袜即使走短路也能引起脚部打水泡，所以一定要穿干燥的袜子，在涉水后也要及时擦干脚上残留的水分。

皮靴需要经常保养，否则鞋面因干燥会出现裂纹和裂缝。擦掉鞋面的泥浆，避免阳光直射或高温烘烤。要是靴子受潮，在天气不太冷的情况下，最好穿一双干袜子，用脚的热度从鞋子里层进行烘干。我用旧牙刷和皮革保护剂保养皮靴，你也可以根据鞋子的质地选择适当的护理用品。

午餐时，如果方便的话，应该养成脱去鞋袜的习惯，让双脚得到最大程度的放松。

肌腱

在我看来，走路本身就是一种热身，而且我也懒于做伸展运动，除非一出门就得攀登陡峭的山坡。有人认为伸展小腿肌肉可以靠两种正确的姿势来完成：一是推墙壁，二是两条腿一前一后，弯曲前腿，绷紧后腿，下压，然后交换双腿反复进行。我保证不会嘲笑你的动作像西绪福斯①。

在一次长途飞行中，由于我把鞋带系得过紧，导致脚踝充血肿胀，十分疼痛。在疼痛的折磨下，我不得不换上沙滩鞋，并在脚后跟垫一层厚厚的软垫。穿沙滩鞋在阳光明媚的布列塔尼走路并不算太糟，但我还是建议你一般不要穿着它们走 35 公里以上的路程。在接下来的几个星期里，我脚部的筋腱一直很脆弱。吸取了那次教训，我之后系鞋带都很注意，尤其在首次行走一个半小时之后，我都会适当地调节鞋带的松紧。而走下坡路时，绑紧鞋带则有助于支撑脚踝。

手臂肌腱虽然听起来与走路没有太大的关系，然而我们也应学会时刻保护它们。有的人走路时不喜欢借助登山杖，若手臂长期下垂，手部充血严重，将导致两臂麻木且沉重，甚至会肿胀。尤其在天气炎热的夏季，血液流动速度加快，这种情况最容易发生。若出现此类状况，可以将大拇指垫在与胸部同高的肩带下，并保持几分钟，麻木感即能缓解。

---

　①　西绪福斯是科林斯城的创建者，他因狡猾激怒了冥王哈得斯，最终被罚以将大石推上陡峭的高山。每次他都用尽全力，但当大石快要到达山顶时，石头就从手中滑脱，因此西绪福斯又不得不重新推，永无止境地这样重复。

扭伤、骨折及其他伤势

极度疲倦的你可能无法对周围的安全隐患保持高度警惕，这时最容易受伤。所以我们应在途中进行适度的休息，吃一些东西补充能量，以降低摔倒的概率。下坡路易引起脚扭伤，但也不要对其他看起来好走的地形掉以轻心。在穿越一片平坦的草坪时，我们谁都没有料到约翰竟然大意地被草里的石块绊倒扭伤，连同身后的背包一起重重地摔在了地上。看来，他伤势很重，真是不幸！为了降低扭伤的肿痛感，应尽快将踝关节浸入冷水中（或者用湿手帕冷敷），然后对扭伤部位进行包扎。如果伤势较轻不影响走路，可以穿上靴子以支撑踝关节；伤势较重时，从脚底到膝盖之间的部位都应用绷带包扎。这种包扎对踝关节和膝关节能起到进一步支撑和保护的作用，也有利于防止走下坡路时发生二次扭伤。

和扭伤相比，骨折的情况绝对更糟，所以必须提前作好心理准备，以免事情发生时由于处理不当而造成更大的伤害。如果同伴摔倒后不能爬起来，不要急于挪动他的身体，因为他的脊椎骨可能已经骨折。这时，若倒地者意识清醒，应该用手头的物品临时充当固定夹板（可用的固定物为登山杖、树枝、凉席卷或其他类似的物品），并用绷带或衣服连同夹板一起进行包扎和固定。若伤口流血，应及时止血。用干净的手帕或绷带包住伤口，直至血止住。

我建议在出发之前进行几次急救课程的培训，这是一项不错的投资，你将学到很多有用的自救知识。

恶劣的天气

由于不良天气的影响，你可能会受到一些其他病痛的折磨，比如晒伤、轻微的热伤风，以及风寒、发烧等。如果你的鼻子和我的一样敏感，凡是遇到较冷的天气，就如同一个打开的水龙头不停地流清涕，而不得不不停地擤鼻涕，口袋里也不幸塞满了潮湿黏稠的脏纸巾。好在野外并没有那么多世俗的限制，你可以尽情地擤鼻涕而无伤大雅。

高海拔地区的氧气含量远远低于海平面，所以在海拔非常高的山地你将面临缺氧的困扰。既然你不是土生土长的高山人，身体的运作效率在2 500米以上便大打折扣。一般情况下，你可能会出现轻微的头痛、疲倦、呼吸困难等症状，并且这些症状随着海拔的升高而明显加重，不过我们的身体可以随外界环境的变化而相应地自我调节。你可以提前几日到达高山地区，等身体初步适应后再进行这种耗能大的运动。出现缺氧状况时，记得多喝水，忌饮酒，因为酒精不但使体内耗氧量增加，还易引起胃黏膜充血、糜烂，甚至导致大量出血，十分危险。另外，睡在海拔较低的地区，可以减轻缺氧的不良影响。

因为本书是针对徒步者而写的，并不适合登山者阅读，所以我在此不需要大费口舌地讲述急性高原病和脑水肿的恶劣症状（通常出现呕吐、幻觉、说胡话、木僵、昏迷、休克，甚至死亡等状况）。南美洲（印加古道和布兰卡山脉）、非洲（肯尼亚山、梅鲁山和乞力马扎罗山）及喜马拉雅山等地一直以来是徒步者向往的旅行圣地，但是徒步者并非专业的登山者，它们对我们来说是一种极大的挑战。如果你正走在诸如此类的高海拔地区，应该警惕肺水肿：肺脏内血管与组织之间液体交换时功能紊乱所致的肺含水量增加，会严重影响呼吸功能，这种病的症状和肺炎相似。肺水肿的临床表现为呼吸极度困难、大汗淋漓、阵发性咳嗽并伴有大量白色或粉红色泡沫痰。对于这些高山反应只有一种治愈方法：尽快下山，回到安全的平原地带，然而你可以根据医生的嘱咐提前服用一些药物预防此类症状发生。

咬伤

这个话题似乎有些凝重，因为我们每一个人都十分惧怕被动物所伤。在理清了思路后，我决定从体型较小的动物说起。

昆虫

在陌生的国土上，总是旺盛地生活着各种奇形怪状的昆虫，不过它们真的很讨厌！蚊子竟然能在冰岛悠游自在地存活，而蒙古的蚊蚋也很多，苏格兰高地生长着蠓虫。"白蛉旅舍"坐落在新西兰的达特河边，以当地一群特殊的"强盗"命名。为了防止它们肆意闯入，主人家特意加厚了门板。

为了避免飞虫袭击脸部，我想出了一个很可行的办法：在帽子下加一层网状的面纱；这看起来怪怪的，不过当大家停下来吃午餐的时候，我看见同伴额外地吞进那些高蛋白食物，不禁在一旁偷偷地幸灾乐祸。

我平时并不在意商品的品牌，除非某个厂家的产品副作用太强以致激怒了我。在苏格兰的克林拉里克村庄，商店里一般都售有一款名为"Skin So Soft"的雅芳保湿护肤品。当时我不加犹豫地买了一瓶，因为被告知它有防御蠓虫的特殊功效。可是直到我们穿越西部高地时，我才完全意识到上当了：它的"驱虫"功效只不过是当地人的自吹自擂。只要在路上闻到香甜的气味，我便知道又有人被骗了。

在热带地区，尤其是地势低洼的牧场，蚊子可能携带疟疾或其他致病的病菌。化学药品通常药理复杂，所以在准备去热带地区徒步之前，应咨询医生购买专业的预防药品。绝不要乱吃药，这非但不能解决实际问题，还对身体健康造成威胁。

住在蜱虫（俗称"草爬子"）滋生的地方，我曾经被频频叮咬，同伴总是打趣地说我是个"蜱虫吸铁石"。不过被蜱虫叮咬后无须大惊小怪：只需用镊子便可夹住皮肤上的蜱虫，然后手指稍微一动便能摘掉。（有一次我不小心踩到了蜱虫的巢穴，最后花了很长时间才全部取掉粘在脚踝处的一百多只幼虫。两个星期内，整个脚踝和得了象皮病差不多，真是惨不忍睹！）需谨慎的是，成熟的蜱虫瘫痪时能释放一种可怕的毒素，让被咬部位产生令人难忍的疼痛。粗心大意的约翰为我摘除头上的蜱虫时不小心夹断了一只，成虫的头部依然残留在皮肤里，于是在短短几分钟内，我的皮肤发红，手臂和大腿立即出现了长长的抓痕。我从来没有遭遇过这样的事情，当时唯有注射抗组胺剂才能缓解我的痛苦。蜱虫病通常可以细分为莱姆病①和落基山斑点热②，都是在被叮咬时进行传播，所以应及早发现及早摘除。蜱虫喜欢选择人体温暖或令人尴尬的部位叮咬，所以在蜱虫最可能滋生的地方，为了降低被咬风险，在休息前先检查衣服是否有缝隙，封闭领口、袖口等虫子最容易钻入的地方。

　　说完了蜱虫，我再向你介绍一种常见的虫类——水蛭（蚂蟥③），它们生长在炎热和潮湿的气候里。虽然它们并不危险，但是体内却含有抗凝血剂——扯掉吸血的水蛭后，伤口在一段时间内总是血流不止。被水蛭咬伤，应及时处理伤口，不要抓挠，以防感染。水蛭生长在淡水水域，所以一些徒步者为了摆脱讨厌的水蛭，专在咸水里洗袜子。另外，雪套也能有效防止水蛭的吸咬。走在水蛭较多的地方时，我只是时刻盯着自己的靴子，以防它们趁我不备时吸食我的血液。

----

　　①　莱姆病是一种由伯氏疏螺旋体所引起，以硬蜱为主要传播媒介的自然疫源性疾病。临床表现为慢性炎症性多系统损害，除慢性游走性红斑和关节炎外，还常伴有心脏损害和神经系统受累等症状。

　　②　落基山斑点热是由立氏立克次体引起，经硬蜱传播的一种急性发热性疾病。该病限于西半球，产生高热、咳嗽和斑疹等症状，病情较为严重。

　　③　蚂蟥的虫体呈椭圆形，未吸血时腹部扁平，背面稍隆起，成虫体长2毫米～10毫米；吸饱血之后厚胀大如赤豆，大者可长达30毫米。

蜘蛛和蛇

蜘蛛网通常无毒，所以你不必担心因碰上了蜘蛛网而中毒。致命的毒蜘蛛喜欢躲在阴暗的角落，所以当你攀岩、拾柴或在野外上厕所时应格外当心被毒蜘蛛攻击。

在一些国家，你可能会遇到躺在岩石上或路上晒太阳的蛇；我们经常在留宿地附近看见道路上匍匐的蛇。蛇很少主动攻击人类，除非它们觉得自己受到威胁，才会咬你。不过在这种自我保护的状态下，它们可能只分泌少量的毒液。一般蛇只攻击人类的脚部，所以穿高筒靴或长裤可以防止被咬。在温暖的月份里多留意道路上的异物，远离它们就可以相安无事。

话虽如此，但我们还是应该严肃对待任何蛇类的咬伤。如果它们是毒蛇（包括眼镜蛇、曼巴眼镜蛇和澳大利亚的所有毒蛇），伤者应紧紧包扎被咬部位，从手指或脚趾开始一直缠到躯干，并在绷带上标出咬伤点。可以选择方便的弹力绷带，因为这种绷带压力适中。如果被其他地方的毒蛇所伤（包括欧洲的蝰蛇、响尾蛇和银环蛇等），除了上述的做法，还应固定患肢。在急救时，周围的同伴可以帮你缠绕绷带；然而如果你是一个运气不好的独行者，只能进行自救。

蝰蛇是欧洲唯一一种毒蛇，如果你患有过敏性休克反应，蝰蛇的剧毒能夺去你的性命。澳大利亚似乎是一个杀手云集的地方，人们把毒蛇和蜘蛛称为杀手。其实，我们也遇到过其他同样令人谈之色变的杀手——水母、章鱼，甚至冷血无情的鳄鱼！不过在大多数情况下，徒步者不会受到这些危险动物的袭击，除非他们贸然踏入无人问津的野生领域。值得高兴的是，很少有徒步者死于毒蛇咬伤，但如果你患有非理性恐惧症，无法摆脱沉重的心理负担，那么我建议你去冰岛、爱尔兰、克里特岛、新西兰和马达加斯加岛等被公认为"无毒蛇之地"旅行吧！

大型野生动物

我细读了一些徒步旅行公司印制的插图手册，对其中一本书印象最深，它讲述的是一次在非洲徒步观赏野兽的旅行。显然那些人很喜欢寻求刺激，跟踪非洲各种各样凶猛的动物。尽管徒步者很少遇到人类的天敌，但也不要自寻烦恼效仿那些"英勇"的行为，除非你想亲自体验一下血盆大口的威力。

在北美地区，熊喜欢悄无声息地出没于丛林密布的地方，那里主要生活着两种熊：黑熊和灰熊。黑熊在受到威胁时通常发出巨大的吼声，而灰熊却不喜欢吼叫。我有一个朋友曾在阿拉斯加徒步时不幸遇到一只体型硕大的熊。回来后，他向我们回忆当时的情景时依然浑身发抖。他说："幸好当时离它还有一段距离，我很难说出它的种类，可是我已经吓得呆若木鸡……尿了一裤子……"情绪稍有缓和后，他又向我们讲了一个笑话："出发前，山脚下的巡山员还警告我们说，'记得把铃铛系在帽檐上，一旦发现熊，你们就使劲摇铃铛，不要惧怕它，我们会马上上山救你们的。'接着，我们问他，'山上的熊是不是很多？'巡山员回答说，'你们数一数它们的粪便不就清楚了。'最后，我们又问道，'那我们究竟如何辨别出熊的粪便呢？'他说，'这个很好认，因为我们把小铃铛放了那些粪便上。'听完了这些话，当时我不禁觉得很搞笑，可没想到自己还真的遇上了一只熊！"

如果熊铁了心追赶你，那么你绝对逃不出它的魔掌。当它准备向你发起攻击时，你一定要用各种办法（登山杖又派上用场了！）击退眼前的熊，如果是黑熊的话。如果它是灰熊，你只能乖乖站在原地祷告上帝，希望它只是在吓唬你，因为灰熊一掌就足以置你于死地！幸运一点的话，你可能只被当场击晕。倘若你想在熊经常出没的地方搭帐篷露营，一定要记住把食物、牙膏和其他散发强烈气味的东西（是不是也包括袜子？）挂在远离露营地的树枝上，或者装进防熊的物品箱里。吃东西时，你最好待在第三个场所（远离帐篷），尽量延长熊的寻找时间。也许它凭着气味嗅到了那棵大树，摇晃了半天却发现只掉下来一双你的臭袜子。可想而知，它一定大发雷霆，然后便会马不停蹄地奔到你的帐篷里。哈哈，熊被你的"空城计"所骗，谁让人类是最聪明的动物呢？

而在英国徒步者极少遭遇熊和毒蛇的袭击，可是却不得不警惕另外一种危险的动物——犬类。任何一本英国的徒步指南都会大张旗鼓地宣传野生犬类的危险性。罗伯特·路易斯·史蒂文森声称："我很喜欢家犬，因为它们十分忠诚、讨人喜爱，然而在荒郊野外，我憎恶并害怕野狗。"大陆犬尤其令英国的徒步者畏惧，可能因为它们有相当发达的嗅觉——竟能嗅到海峡对岸的气味。确实，野狗令人望而生畏、恨之入骨。在穿越阿马尔菲海岸的草地时，我们被三只紧密配合的牧羊犬所包围。说实话，它们的团队精神确实令人震惊：一只狗不断嚎叫，向目标发出威胁；第二只便以迅雷不及掩耳之势跃到我们面前；同时，第三只不知从什么地方蹿出来，直接往我的小腿上咬了一口。让我奇怪的是，它们又突然消失了，而我的腿上却留下了一个月牙形的青痕，但表皮没有被狗牙咬破。事实上，它们只是针对我才发起攻击的，因为身旁的约翰安然无恙。这向我证实了一个理论：它们可以嗅出英国血液的气味，绝不伤害英国人。幸运的是，这种犬很少感染狂犬病，只要你被咬后注射一针破伤风，伤口就不会恶化。如果你真的害怕被咬，可以携带"犬类麻药针"，从而击退那些冲你高亢吼叫的猛犬。

　　向猛犬投掷石块或挥动登山杖也可以保护自己不受袭击。不过我们曾在阿马尔菲遇到一只极为友善的狗：它热切地摇动着尾巴，希望陪我们走一段路程。这条毛茸茸的黑狗几乎跟着我们绕了半个科西嘉岛，后来又跟着半路遇到的一对夫妇返回。除了犬类，欧洲的野外还生活着更多凶猛的野兽，其中就有贪婪的狼群。早在18世纪60年代，聪明狡诈的狼族就已成为法国欧布拉克地区最大的威胁。它们吃掉了许多妇女和小孩，唯有那些手上拥有麻醉剂的人才能侥幸活下来。

　　在本章的最后我为你介绍另一种动物，它们虽然不咬人，但却足以把你吓出心脏病，它们就是臭名昭著的松鸡。这种鸟真的令人十分气恼，它们躲在低矮的石楠属植物丛中，等到你离它们只有几米远的时候突然跳出来，发出刺耳的声音，身上的羽毛也被拍打得到处乱飞。

　　如果你能幸免于难的话，那就去勇敢地接受大自然的挑战吧！

15. 徒步者的礼仪

在远足的道路上，绿意盎然的生命、悦耳动人的鸟声，都令我们感到心旷神怡。在这种完全自然、纯洁至上的环境里，我们渐渐与旅途中所遇见的朋友产生一种难以忘怀的情谊。虽然他们生活在天南地北，可是距离却无法阻挡我们对彼此的思念。也许陌生人向你问候的方式很奇怪，但请相信他们的心灵是友好而纯美的。我们曾经去法国南部的阿尔比欣赏图卢兹-洛特雷克①的作品。在那里，我们无意中听到素不相识的两个美国人互相打招呼，在短短的几分钟内，他们竟向对方道出了自己的姓名、出生地、工作，以及确切的薪酬待遇。以画廊为

---

① 图卢兹-洛特雷克是法国后期印象派画家，1864 年出生于一个贵族家庭，孩童时摔坏了双腿。其作品采用印象派风格，注重线条和色彩的运用，惟妙惟肖，生动幽默。

背景，这种"官方性"的谈话听起来似乎有些可笑，而且是徒步路途中人们忌讳的话题。

在徒步这项伟大的运动中，无论高低贵贱，我们向来一视同仁。除非你穿着并不合脚的鞋子，才会被旁人另眼相待。不过，有些人确实不太讨人喜欢。我记得在科西嘉岛的途中多次碰见一个四口之家，他们给人的感觉很另类：父亲总是尖着嗓子说话，而两个已成年的儿子却显得呆若木鸡。一连好几个晚上，我们不得不和他们一起睡在一个房间里，他们如雷震耳的鼾声似乎能掀翻房顶，让我彻夜未眠。最后一次我们在一个令人困惑的岔路口又不巧遇见了他们，所以我们立即作出了最简单的选择，只因极力想尽快摆脱他们。有时，回避是唯一明智的选择。

徒步通常使我们收获最美妙的回忆，然而也存在着并不完美的瑕疵，因为有些人总是过分强调用武力解决纠纷，从而履行他们的自我保护意识。我的朋友苏刚刚从尼泊尔的远足中归来，她愤愤不平地向我讲述了路上一些不愉快的经历。原来她和队友之间产生了十分严重的矛盾，问题激化时，双方差点大打出手，强烈的愤怒几乎使这次旅行中的一切快乐尽失光彩。也许你会认为有些正面冲突是无法避免的，所以总会频频陷入与同伴的争执或争吵中。真希望这种令人沮丧的事情永远不要发生，因为我们不想被这种事情所困扰，也不想在旅途中留下不好的回忆。面对矛盾，我们应学会容忍，努力解决，学会与人相处之道。这样，将会有更多的快乐光顾我们，从而少了一些烦恼，也少了一些仇恨。对此，G. M. 特里维廉曾意味深长地说："走路从来不存在唯一正确的规则。道路汇集的地方被称为地，而无道路的地方也叫作地，所以每个人都在走自己的路，这并没有错。"

对于偏远或荒凉的地区，徒步者是远道而来的客人，所以我们必须学会如何与当地人打交道，通过我们的言行举止展现自身的良好素质与教养。尤其在贫穷的国家，很多人对徒步这种休闲活动并不理解，所以不要试图向他人炫耀你的财富。在一些穷乡僻壤的地方，你可能会发现那里依然延续着令外来人感到陌生的传统礼仪。不过，我们不应低估或忽视任何形式的礼仪。远走他乡的希莱尔·贝洛克曾写有这样的诗句：

礼仪，

它远远低于圣洁的勇气，

可是在我的路上，

礼仪，

却是上帝赐予的恩典。

（摘自《礼仪》（Courtesy））

路途中的注意事项

你应该给其他人足够的个人空间，这毕竟是与人相处最基本的原则。除非客厅的空间有限，你没有必要像秃鹫那样与别人挤在一起吃午饭。同样，与别人交流也应遵循这一方式，让对方有表明自己观点的机会。如果双方想法偏差较大，试图用愉快的话语化解矛盾。当我最后一次攀登澳大利亚大陆最高的山（即科西阿斯科山，海拔 2 228 米，诚然不是很高）时，遇见十几个挥舞着国旗的年轻人，他们高唱国歌（那天是澳大利亚的国庆日），虽然唱得不好，我们仍向他们投去了充满敬意的目光。

野生动物常常喜欢光顾这些僻静的小路，所以最好不要惊扰它们。此外，不要大声谈论或指点令他人感到尴尬的事情，比如打嗝或放屁（这些毕竟是人体的生理现象，过分嘲弄可能会无形中破坏你与同伴的关系）。不要贪婪地享用公车上的公用电话，这种行为在野外尤其可笑。若你喜欢把手机放在背包里，最好关机。当周围有同伴时，减少打电话的频率和时间，而不要旁若无人地捧着电话狂聊不止。

作为徒步者，我们不仅需要严格约束自己的言行举止，也应注意自己的衣着打扮。不合适的着装风格也许会触犯一些地方传统的禁忌，有的国家甚至专门针对徒步者提出了具体的警告。可想而知，如果有谁依然一意孤行，当地人绝对不会善意地对待不礼貌的外来者。根据我的了解，建议年纪较大的徒步者不要穿太短的裤子，而且皮裤对老龄群体来说是绝对禁止的。禁止穿印有一切与民族主义标志有关的T恤衫。约翰曾涉嫌故意违反外国的习俗，被当地人怀疑甚至排斥，只因为他戴着一顶外籍军团式的帽子。在传统主义者看来，深绿色或土褐色是一种公然侮辱，但我认为少量的颜色无伤大雅，或许它们还能衬托出衣服的色感。同样，粉红色和石灰色也会让别人有些吃惊，尽量避开这些惹麻烦的颜色。

夜晚的到来意味着我们可能面临其他一些礼节问题。在大雪山的另一头，一个陌生的徒步者将帐篷驻扎在我们的旁边，他的鼾声如此之大，以至于严重影响了我们的睡眠。于是，我们只有转移营地才能摆脱这如雷的噪声。如果你经常打鼾，尽量侧身睡，睡觉前请不要喝过多的红酒。如果和别人挤在狭窄的宿舍里，应多为他人考虑。特别是在天气转坏时，不要将不断滴水的湿衣服和臭烘烘的袜子悬挂于屋内。在这种情况下，把脏臭的衣服先收集起来放好，等天气转晴后再清洗。这样，屋内的空气环境将大有改善，每一个人的心情都是愉快的。

沿路所遇到的徒步者

我想，不管走在哪个国家，你都将会遇到来自荷兰的徒步者——他们高高瘦瘦，通常戴着眼镜。也许荷兰的土地太平坦了，他们总想到异国他乡来释放双腿的能量。荷兰的徒步者通常性格随和，知识渊博，所以不会对你造成太大的麻烦。事实上，不光是荷兰人，你还会在路途中或旅舍里遇到来自世界各国的人。这也许并不算坏事，因为你可以从他们身上了解到一些自己感兴趣的事情，不仅拓宽了视野，还交到了朋友，真是一举两得。

根据路线图，我们便能决定自己走哪一条路径，然而有些地方却属于繁忙路段，尤其是一些短途的一日游路径。如果遇到了这些与我们正在做同样事情的徒步者，我们应该向对方礼貌地表示问候：一个微笑、一个点头，或几句简短的话便足够了。其实在有些地方，表示问候的话语甚至被人们缩略为更精短的词语：西班牙徒步者习惯说"hola"；意大利人喜欢说"salve"；而德国人则说"Grüss Gott"，因为这个短语听起来比较长，他们便索性用"sgot"代替。我的朋友卡伦建议我们用"hi"或"g'day"打招呼，因为这两个词可以暗示我们的国籍，但我还是宁愿入乡随俗地选择当地的俗语。如果其他人没有回应你的问候，或漠然置之，也不要心灰意冷，因为他们可能还只是刚刚从汽车里跳出来的徒步新手，灵魂并没有被大自然所净化。

根据惯例，如果徒步者在狭窄的道路上相遇，上山人应为下山人让路。而在平路上，这种相遇好像突然变成戴尔芯片里常常发生的电流相撞事件："请让一让！"……"不，为什么你不让开？"这时，应该牺牲小我，主动为他人让路，因为这种微不足道的事情不值得延误时间，更不值得引发口舌之争。如果你想要超过挡在前面的徒步者，试着用打招呼或咳嗽的方式引起他们的注意：换位思考一下，假如道路狭窄紧凑，你肯定会被那个从你身旁悄无声息走过的人所惊吓。然而在渡行人桥、穿越雪崩区和其他任何难走的地方时，你应耐心等待，切忌推搡，这样才能全神贯注于脚下的路况，以防发生危险事件。

与其他徒步者保持适当的距离，避免相互踩脚，或被弹回的树枝戳伤眼睛。正确使用登山杖，它们的尖端十分锋利，所以不要指向他人，更不要将登山杖横夹在腋下。在爬山或下坡时，前面的人可能因用力过度而使路面扬起尘土，你应该等尘土消停后再前进。上山时，如果你不小心踢下了石块，一定要尽可能大声地朝下面的人喊"当心石头!"。听见警告的人也许来得及躲开突然飞来的石块,这样可以降低头部撞伤的概率。当英国登山者爱德华·温珀首先到达马特峰山顶后,无礼地向紧随其后的意大利爬山队抛掷石子,我们可千万不要效仿他这种极端且失礼的做法。

徒步时我不会和迎面走来的徒步者过多交流。有几次保罗、吉吉和我一同在欧洲徒步,在每一个道路枢纽处,他们都会和遇到的人没完没了地交流自己的心得,我真想立即打断他们的对话,因为我的双脚已经疼痛难忍,只想尽快到达目的地休息。不过从另一方面而言,我很提倡在傍晚休息时与别人交流心得体会。罗伯特·路易斯·史蒂文森有一句话总结得很精辟:"走路似乎可以清除你身体里所有的杂质,包括狭隘感、自豪感,唯独留下了强烈的好奇心。这时你就是一个孩子,对一切都充满了求知的欲望。"旅店里入住的其他徒步者是晚上最理想的交谈对象,你可以和他们分享所看到听到的奇闻逸事,询问彼此的路线,或者分享有用的技巧。

与当地人相逢

早在 1711 年,约瑟夫·艾迪生在谈论城市居民与乡下村民的行为差异时，认为后者具有较好的礼仪举止："身在一个礼仪之邦，你可能会在半个小时内鞠躬数次，好像朝臣一样向国王低头致敬。"如今，鞠躬的礼节已经渐渐地被城市人省去，而在偏远的乡下或一些传统的礼仪之邦，你仍需要作好向别人鞠躬的准备。罗伯特·路易斯·史蒂文森认为塞文斯山脉的农民是当今时代的另类物种，因为他们不仅来自一个特别的社会阶层，还操着一口奇怪的法国方言。对此，史蒂文森的回应有时未免显得太粗鲁，不过在大部分情况下他还是约束自己，礼貌待人。

至少，史蒂文森会说法语。可是每一个地方的语言都不可避免地存在着一些差异，所以和当地人进行沟通时，语言是最大的障碍。1875 年出版的《礼仪手册》（*A Manual of Etiquette*）建议说："用外语和外国人交流是礼貌的。如果你没有能力这样做，抱歉，你最好选择第二种做法——说英语。"诚然，这种做法只有在对方精通英语的情况下才起作用。如果你真的不会说任何一种世界通用的语言，那就抓紧时间去学一些简单的单词和短句吧。只有这样，你才能更容易地在那些陌生的国土侥幸生存，因为当地人只有理解了你的意思后，才能向你提供所需的物资。书山有路勤为径，学海无涯苦作舟。渐渐地，你甚至可以尽情享受这种求知的乐趣。

　　向当地徒步机构寻求帮助，能规避因语言不通而导致的种种困扰。在雇用导游或挑夫之前，应考虑如下因素：他们的工资薪金（最好已购买人寿保险），他们是否能自备衣服和鞋子。有些公司比较刻薄，支付给工人的酬金很低，或向揽到生意的导游和挑夫征收"提成"；有些公司却十分仁德，通过支持教育或做慈善的方式回馈比较弱势的偏远徒步地区，从而促进其旅游事业的发展，反过来对公司的长期经营也有利无害。所以在进行选择时，应优先考虑后者，即使它们的价格可能稍显昂贵，但是这点钱还是值得花的。在阿布鲁佐山时，我们偶遇一位头发斑白的牧民，他性格开朗，十分健谈。也许是因为他平时很少遇见路人，只能对着身旁的山羊喋喋不休地讲话。

　　然而对于某些当地人，我们最好还是形如陌路地避开他们。在狩猎季节，如果你听见枪声，应大声地吹口哨，并在头顶挥动白色的物件（比如纸巾、手帕等）。若不是狩猎季节，枪声意味着你可能遇见了野蛮的山贼，最好跑为上策。（我们曾经在不知情的情况下花了将近一个小时的时间循着一条滴有血迹的道路行走，最后竟然毛骨悚然地看到一摊飞溅的血泊痕迹，没有看到受害人，也没有遇到袭击者。）不但如此，当地人也可能以其他方式干扰你，马克·吐温去瑞士的阿尔卑斯山徒步时就遭遇过类似的事情。当时他遇到了一个唱着歌谣的牧童，心里十分欢喜，牧童向他要钱作为回报，他二话不说地掏出一法郎递给这个伶俐的小孩。而后来的经历让马克·吐温不得不说：

　　　　原本我认为自己听到了阿尔卑斯山最天籁的荒野之音，满心欢喜。可没想到的是，每过十分钟，我们便会遇到一个唱歌的牧童，他们也向我们要小费。于是，我们分别支付给第二个牧童八分币，第三个六分币，第四个和第五个都是一分币，直到遇见后面的孩子，我们决定置之不理，再也不给他们任何小费了。后来才意识到，当地人专门用这些小孩向外地人索要钱财，可悲啊！

有些地方的山民通过唱山歌的方式向徒步者暗示，抢劫在这里时有发生。

相对来说，村庄或乡村等人烟密集的地方比较安全，并且你可以在遇到困难时向当地的居民寻求救助。根据我的经验，小村庄的居民一般对远道而来的徒步者态度友好，因为他们十分欣赏你坚持不懈的毅力。这时你也应该礼貌地回应他们的问候，说不定还可以和对方进行更深入的交谈。几天后，当抵达规模较大的城镇，你可能会被别人当作外星人一样另眼相待。

这时你可以漫步街头，找一家面包店选购一些简单的食物，然后去超市买牙膏等必备的生活用品。坐在咖啡厅里的人通常衣着整洁，举止稳重，姿态优雅。不要理会那些另类的眼光和挑衅的冷言冷语，学会适应与忍耐：任何举动都是徒劳的，毕竟他们看起来只是一群干净的白痴。相反，大大方方地穿着沾满泥土的靴子，为自己的这身行头感到无比骄傲，因为你正在完成一项神圣的事业。可悲的是，如果你喜欢向路人微笑或问候，这时候他们大部分人都会抬起眉毛诧异地打量你，真让人感到矛盾。

误闯私人领地

很多最佳路径都会绕开私人领地，不过在有些情况下，当地人可能私自占用道路，阻挡我们顺利前进。如果遇到紧闭的大门，最好轻手轻脚多加警惕，不要惊扰了农场里的牧畜。当穿越羊圈时，尽管小羊羔看起来着实令人喜爱，但绝不要妄想抱走一只。远离公牛，因为它们受惊时会向你发起攻击。经验丰富的 H. D. 韦斯特科特说："公牛是一种笨拙的动物，一旦它们发怒了，你就必须保持冷静，然后快速躲闪。"如果土地的主人主动挑衅你，最好不要与之争论，用道歉的方式争取你的主动权。我们应记住旅行作家艾尔弗雷德·温赖特的劝告：
"在牛棚里，公牛永远是对的。而在农场里，农民也永远是
对的。"

在本书的前面，我曾谈及环境保护的相关问题。在不乱扔
纸屑的前提下，你还可以做更多力所能及的事情。用塑料袋把
所有的垃圾装走；如果垃圾袋空间较大，当你看见路上有其他
人丢弃的碎屑时，捡起来一起带走。希望你能严格遵守山林里
的防火禁令，不要因自己的过失而后悔莫及。（亨利·戴维·
梭罗曾不慎点燃一场森林大火，这让他为自己的愚蠢行为感到
莫大的耻辱。）请手下留情，不要伤害那些无辜的花朵；如果
你真的喜欢美丽的花儿，可以拍照留念。组队时，人数越少越
好，并选择那些限制队伍规模的徒步公司；人少有利于获取更
大的乐趣，也能减少对环境造成的伤害。

如果所有的游客都能做到尊重自然、保护自然，相信国家
公园便不会再设那些限制徒步者的种种条令。虽然没有人指责
你所犯下的这些微不足道的罪行，可是请记住，这些轻微的罪
行汇集起来就会对我们的环境造成无法弥补的损害。所以为了
青山依旧，河水湛蓝，请重新审视自己的行为，还大自然一片
干净的土地。

16. 在路上

通过掌握徒步与导航的技巧，我们便能够顺利地寻找食物和住所。现在衣食住行似乎对我们来说已经不成问题，所以本章的主旨在于教会你如何用新的事物充实自己空虚乏味的思想。徒步最大的乐趣之一也许就是欣赏沿途绝美的风光，然而走路是一个循序渐进的过程，我们不可能从某地突然位移到另一个完全不同的风景区。眼前的景色纵使再令人心旷神怡，它们也好像总是一成不变。因此在欣赏佳景时，我们最好先了解风景的类型与特点，这样就增加了风景的可赏性，从而方便我们从更深层次来体会、思考。

路上的交流

马克·吐温曾说："徒步真正的魅力不在于行走，也不在于沿途繁花似锦的景色，而在于徒步者之间的交流。"马克·吐温大胆的结论令众人展开激烈的辩论。有些人认为，如果景色如诗如画般极为美丽，你当然不希望被旁人喋喋不休的话语打扰；徒步时过于频繁的语言交流会导致体能消耗加快，并且容易分散注意力而忽视脚下潜在的危险，爬山时也易造成呼吸困难和缺氧。对此我一直持中立态度，喜欢在必要时和同伴进行适量的交流。

马克斯·比尔博姆在1918年写道，合理的交谈当然没有问题。他认为，我们的身体由于走路的缘故（双腿重复摆动），导致大脑暂缓思考，但我们的思维并不是完全处于停滞的状态。为此，他举了一个例证：当一名男子坐在椅子上或站在壁炉边的地毯上时，他绝对有能力下达指令或和别人开玩笑，但当该男子外出散步时，他却顿时丧失了这种能力。他说出的话好像不再那么幽默，同时也降低了朗读碑文的音量，包括刻在石块上的字（"阿克斯明斯特，11公里"）以及一些公告（"车辆慢行"）。你也许会认为马克斯·比尔博姆所描述的情况只是个例。不是的，他最亲密的朋友奥斯卡·王尔德曾经甚至把醒目的"闲人免进，违者必究"的标语误解为名言警句，想必奥斯卡·王尔德并非专业的徒步者。

威廉·黑兹利特和罗伯特·路易斯·史蒂文森都比较喜欢独自行走，最主要的原因是他们不喜欢说话。直言不讳的黑兹利特说："一边走路一边说话，无法确保谈话内容的合理性。当我走在乡下，真希望自己能变成那里的植物，一言不发，默默存活。"史蒂文森从植物的状态中获得更多的感悟，他把边走边说解释为一种非逻辑性的思维：

> 人类无法让自己的推理和思维屈从于运动中的麻痹状态，因为我们的大脑已经产生眩晕和惰性，这时的安静胜于理解。

无论你对这个问题是否有独到的见解，每逢遇到狭窄的道路，我们都需要纵列前进，从而也降低了谈话的机会。纵列队形与并排走不同，常常干扰前方与后方徒步者的听力，使我们无法正常沟通，除非你刻意地高声说话或喊话。因此在很多情况下，保持安静是最好的选择。事实上，这绝对是一件好事，只要你和同伴之间没有发生任何矛盾。总之，如果你真的无法进行自我调节，你将需要其他人和你一起消遣那些虚无的时光。

学会自娱自乐

娱乐是人追求快乐、缓解生存压力的一种天性。在走路时，你可能会考虑用唱歌的方式轻松地愉悦一下心情。尽管黑兹利特是一条粗犷的汉子，但在这种场合下，他也会兴高采烈地高歌一曲：

> 头上蓝蓝的天空，脚下绿色的草坪，前方蜿蜒的道路，用三个小时尽享晚餐——紧接着开始思考！如果我不开始一些游戏，这些荒地将更加孤独。我大笑，我奔跑，我跳跃，我欢快地唱着歌儿。

在野外练歌有一个很大的优势，即便你五音不全，别人也很少会被你的嗓音惹怒，但你应确保没有风将你发出的那些难听的声音吹向附近的定居点。为了配合步子，我们应选择一些节奏鲜明的歌曲，比如打谷脱粒的劳动歌、进行曲、水手唱的劳动号子以及渥尔金之歌（它是苏格兰高地的民歌，是妇女操作织布机时所唱的劳动乐曲）等。如果你的口味更现代，可以把搜寻的焦点放在流行的摇滚乐或打击乐上。如果你不记得曲子中的具体歌词，也可以灵活地即兴编唱，这往往也会达到不错的效果。

如果你谱写的歌词比原歌词更胜一筹，那么恭喜你，你绝对有能力去当一名诗人。毕竟曾有人确实这样做过，否则世界将成为一片贫瘠的大地。以历史为证：几乎所有的浪漫主义诗人都是徒步者，其中包括乔治·戈登·拜伦①。他天生跛足，跟腱畸形，但他没有将之视为停步的借口。正如弗洛伊德所抱怨的，"不管走在哪里，我都发现曾有诗人比我更早地踏入那片土地。"你甚至不需要精通诗文的韵律，也可以像沃尔特·惠特曼②那样自由地写诗。弗里德里希·尼采对反驳马克斯·毕尔邦的人说："一切真正伟大的思想都是在走路时构想出来的。"所以，走路有助于思考问题。

　　如果远足中没有音乐陪伴，我将会感到特别困苦。帕蒂·格里芬的旋律随和而简单，理查德·汤普森的乐曲以即兴重复为特点，而尤苏·恩多尔却拥有非凡卓越的嗓音。有些人向我提议，建议我把这些音乐家的全部歌曲都下载到便携设备中，以便边走边听。不过我不愿意这样做，虽然我不是一个十足的技术恐惧者，但是我却很乐意让自己落后于这个科技发达的时代。在我看来，徒步使我们接触自然、亲近自然，我们被自然

---

　　① 拜伦是英国 19 世纪初期伟大的浪漫主义诗人，其代表作有《恰尔德·哈罗德游记》、《唐璜》等。拜伦不仅是一位伟大的诗人，还是一位为理想而战的勇士。他积极勇敢地投身革命，参加了希腊民族解放运动，并成为领导人之一。

　　② 惠特曼是美国著名诗人、人文主义者，他创造了诗歌的自由体，其代表作品是诗集《草叶集》。

世界的纯洁所吸引、所进化，倘若你的耳朵里总是塞着耳机，似乎有些不大合适。除此之外，这种行为有悖于自然社会的本质，尤苏、理查德和帕蒂可能会分散我的注意力，让我忘却或忽视身边最真切的环境。此外，他们还可能使我产生回家的念头，而无法专注于我的徒步。

其实，大自然发出的任何声响都是一种天籁之音：潺潺流淌的河水，沙沙作响的树叶，婉转动听的鸟鸣，动物的尖声恐吓，山猪哼哧哼哧的声音……很显然，树木的响声有时并非是纯粹的沙沙声。托马斯·哈代①在《在格林伍德树下》（*Under the Greenwood Tree*）中说，每一种树的"声音"都不尽相同：

> 微风徐徐，松树轻轻地摇晃着，它们好像在呜咽呻吟；冬青吹起了嘹亮的号角，好像它们发起了内战；颤颤巍巍的白蜡树发出嘶嘶的响声；山毛榉的树枝上下摇晃，传来一阵阵飒飒的婆娑。

当一些人为的东西扰乱这片土地的宁静时，你将会为之愤

---

① 托马斯·哈代是英国诗人、小说家。他是横跨两个世纪的作家，早期和中期的创作以小说为主，继承和发扬了维多利亚时代的文学传统，晚年以其出色的诗歌开拓了英国 20 世纪的文学。

慨不已。国家空军总是选择最美的地点进行演练，轰隆隆震天响的飞机声很令人厌烦，所以我总是希望山上的演习基地燃料短缺，这样我们起码可以自由自在地聆听山林的妙语。

为了方便徒步者制订计划并查找资料，有的人开始提议用清单的方式逐一列出世界各地盛行的徒步景点。目前好像人们很热衷于排序，因为排序能够帮助人们理清紊乱的头脑，从而作出最好的选择。当你也想效仿这种做法时，可以从下面几点着手考虑：十大徒步湖区、十大无山徒步区，或者十大徒步午餐地。然而在发表言论前，你必须至少走完十个地点，继而才有资格向他人总结自己的徒步感受。在本书的最后，我也为你列出了目前世界上十大徒步佳地，期待未来的几年内将有人不断地更新我所罗列的内容。

自我启发

好奇心越小，收获就越少．这向来是一个简单的等式，但却不可辩驳。倘若你对沿途的事物毫无兴趣，这时的道路也许会显得更加漫长、乏味难熬。为了让徒步生活变得更有意义，我们在路上应努力寻找、挖掘新的事物，这样才能丰富我们的徒步经历，并提高自身知识，从而对周围的环境产生新的见解。因此自我启示成为一种比自我完善更加有效的手段：它能帮助我们打发虚无的时光，产生积极的心态。

诚然，事实是枯燥无味的，除非你能用它们解释自己的所见所闻。"旅行是危险的，"哲学家阿兰·博顿抱怨说，"我们在错误的时间里看见这些风景。而当我们正想构造内心的感受时，无用的新信息又出现了，它们好像项链上散落的小珠，没有被穿在一起。"然而博顿最担心的是在那些现代建筑物和历史遗迹混杂的城市里徒步，因为目不暇接的风景会让人眼花缭乱，无法理清紊乱的思绪。在乡下徒步者的任务很简单，他们只需花几天时间走完相对较短的距离，因此他们所看到的元素也就单纯了许多。但是对于这些较为单纯的元素，我们也必须细微观察、清楚辨认，熟记它们的外形特点，否则可能就会在谷仓较多的地方彷徨，甚至迷路。

你可以用一个最简单但是很有用的方法来了解周围的环境——记住每一个重要的地名，因为它们能帮你更深入地了解景观。在休息时应留意住所的名称，通常休息点都标有山峰或山谷的名字，即时查找地图，不要等到迷路后才拿出地图查看。虽然地名只是单纯的标签，但是这些意义重大的标签却能帮助我们创建一幅无形的地图。只有当解读并理解之后，这些地名才能起作用。我曾经没有看懂伯尔尼阿尔卑斯山斯瑞克峰的名字，就往山上爬去（早在 60 年前，我的父亲便爬过此山），后来才明白"斯瑞克峰"原来有"恐怖的高峰"之意。

地质学

地质学并不仅仅意味着岩石层和岩体，它还和地球的物质组成、构造、发育、历史等有着密切的关系。诚然，针对这个大题目，我们最好将之分解为一个个小块，然后分步处理。首先，受热的火成岩经火山爆发，从地壳里释放并喷出的岩浆，冷却后形成岩石。其中一部分火成岩又受到水的侵蚀作用，通过河水、海水或冰川的搬运、沉积，最终形成一层一层的沉积岩。沉积岩受到地球内部力量（温度、压力、应力、化学成分等的变化）的作用后，发生物质成分的迁移和重结晶，形成新的变质岩。所以一旦你掌握了岩石的类型，就能根据眼前的岩石推测附近的环境状况：此地是否位于火山口，是否发生过大海退潮，远古时期大陆板块是否相撞过。如果真有重大发现，你肯定会对自己所具备的知识感到骄傲自豪。除了岩石，那些土壤中的植物照样也能为你提供线索，因为不同的土壤类型决定了不同的植物种类。

这是一个值得探索的领域，因为无论你去哪里徒步，岩石或矿石都随处可见，我们通过分析它们的自然成因来了解地球

内部的相互作用。喀斯特地区有熔岩塌陷的景观。当熔岩流冷
凝后，由于熔岩洞顶或熔岩隧道在重力的作用下下塌而形成塌
陷坑，一般深 2 米～5 米，直径 3 米～10 米。通过观察我们还
发现水有强大的塑造力，它不仅能侵蚀山口或切断峡谷，还拥
有其他更为惊人的力量。如果光滑的岩面有一条条奇形怪状的
沟壑，则说明远古时期曾有冰河流过。一些巨石好像“浪子”
一样漂泊无定，它们躺在地质学起点的岩床上，被流经的冰河
无情地推向了远方，像是被遗弃的巨人，孤独凄凉。在内陆我
们常常看到砂岩里镶嵌着贝壳碎片。有一次我走进了一条几乎
快要干涸的河床，发现河床表面已经被挟带砂石的河水冲刷得
千疮百孔。如此小小的景象，竟能像一座巍峨的山峰那样令人
肃然起敬。

植物学

在道路两旁常常盛开着姹紫嫣红、异香扑鼻的野花，它们
如同羞涩的姑娘娇嫩欲滴，惹人怜爱。我时常被一簇簇淡黄色
的小花所吸引，它们紧紧地相拥在一起，显示着顽强不息的生
命力。为了分辨出这些野花的种类，我开始初步学习植物学知
识，因为我明白，小小的努力将会给我带来非常大的回报。通
过涉猎书籍或者查看旅舍墙壁上悬挂的植物群图表，我很快便

能识别出沿途的常见植物种类。除此之外，我还会参观各地的植物园，因为那里将会以实物为依照，清楚地标记出当地植物的系别。为了学习植物学知识，你不必大费周折地购买厚重的野外指南，因为大多数国家公园办公点都印有相关的小图册。在辨认花朵时，我们一般可以根据花色缩小信息的寻找范围，但是少数品种在开花期狡猾地改变花瓣的色调。如果花朵的形状和颜色太过普通，应观察并区分叶子的形状。在高山地区，你将会发现除了少数虎耳草，大多数龙胆属植物的花都是千篇一律的颜色。[①]

在向同伴介绍你所认识的花花草草时，不要过于频繁地使用学名，否则他们会逐渐感到索然无趣。你可以说出花的俗名，因为这些非正式的名称通常生动形象、妙趣横生。在我上一次冒险的旅行中，我拍下了一朵娇弱的伞形花，它的学名叫"大星芹"，显得既空洞又乏味。不过法国人把这种奇形怪状的原始植物唤作"joubarbe à toile d'araignee"（即"像蜘蛛网状的木星胡须"），英国人简单地称之为"石榴花"。澳大利亚花的俗名有时令人费解，人们不仅把沿海生长的小花

---

① 北半球的龙胆花通常为蓝色，南美洲的品种为红色，而新西兰有白色花种。

称作"猪脸"，还很有创意地将红色的藤花叫作"奔跑的邮递员"。

树木虽然不及花朵抢眼，但几乎出现在所有的景观中，能够适应各种各样严峻的环境。针叶树外形呈锥形，叶子一般为绿色，呈针状、条形或鳞形，通过风的传播授粉，其生命顽强，能够经受风霜雨雪的洗礼。落叶乔木生长在较为温和的环境中，其花朵通常散发出芬芳的气味，吸引昆虫前来授粉；宽大的树叶能够顺利地进行光合作用，促进树体生长。在干旱地区针状叶有助于减少水分流失，而在多雨的地区尖细的锥形树叶能够增加雨水下滴的速度。严格地说，棕榈树并不能被称为树木，但是却很有趣，其木材可以制器具，叶可制扇、帽等工艺品。鉴别树木是针叶树还是阔叶树（棕榈树属于阔叶树），应根据"圆片"、"齿状"、"羽状"等术语鉴定其树叶的形状。如果树上没有叶子，你可以走近并观察树干的树皮。不管是否有效果，这的确值得我们去尝试。

真菌类植物总是被我们忽视，但却是个庞大的家族，无处不在。菌类植物的颜色多而美丽。一般说来，颜色越鲜艳的蘑菇毒性越大，但只要你能辨认出安全无毒的蘑菇，便可以免费地享受一顿美味的大餐。

动物群

很少有能比我们在自然环境中看到野生动物更惊险、更刺激的事情了。有些喜欢探险的人专门利用假期去野外寻找野生动物，但对于徒步者来说，只要在合适的时间、合适的地点遇上它们，似乎也是一种额外的收获。通过目睹动物在特定环境中的发展状况，观察它们猎食、繁殖等生存习性，我们可以用自己最直观的所见所闻填补动物群进化的生态龛。走得越远，就看到越多越罕见的动物。如果选择沿海行走，你便有机会看到海豚、海豹或者体型庞大无比的鲸鱼。树林里常常居住着松鼠、鹿、松貂或狐狸，运气好时还能遇见野兔、野牛（我曾见过一头）和旱獭。旱獭是松鼠科中体型最大的一种，它们像魔术师一样极其有趣。在北半球阳光明媚的山坡上，你时常会听见警告的哨声，随后你将看见一只胖乎乎的旱獭匆忙地钻进洞内躲避。

每一个区域都居住着不同类型的动物，依据动物的出没习性，我们可以及时避免生禽猛兽的攻击。动物和我们人类一样，在迁徙时常常习惯于走相对规律且固定的路线，所以你可能会看到雪地、沙地或泥泞路上向前延伸的脚印。很多野外旅行指南手册里都印有动物足迹的图表，根据不同的脚印形状，我们可以推测出不同的物种。如果你没有这些参考书籍，可以用相机把沿路所见到的脚印拍下来作参考。一般来说，动物喜欢出没于有水的地方，因为它们需要戏水纳凉或定时饮水。国家公园或自然保护区里的动物比较繁多，目前政府已制定了相关法律制止人类伤害它们；生活在这里的动物一般不会对人类心存太大的戒备心，允许我们走近接触它们。在红峰自然保护区，我们遇到了一只站在地洞口旁边的旱獭。它警觉地踮起脚尖，快速地在水里洗澡，大声地咀嚼着鲜草，然后用爪子挠了挠身上的皮毛。我们离这只旱獭仅有几米之远，我发誓它一定乐于享受自然保护区所赋予的特权，要不然早就逃之夭夭了。所以就算它大胆地爬到我们的帽子上，我们也不会感到吃惊。

　　大部分动物都是夜伏昼出，所以最理想的观察时间是清晨或傍晚。然而在澳大利亚，许多大型动物习惯昼伏夜出，利用强光手电筒，你也许会发现闲荡在林子里的动物。有些动物向来腼腆胆怯，从来不肯抛头露面，所以这么多年来，我只见过猞猁的脚印以及被海狸啃噬的树桩，近期还见到了两具獾和鸭嘴兽的尸体。在不尽如人意的天气里，偶遇野生动物对我们来说也许是偌大的补偿。我们曾在伯尔尼阿尔卑斯山发现有98只高山蝾螈栖息在山脊的隆起处；当时低云密布，我们无法看到更多的动物，但是这些蝾螈足以让我们感到满足。同样，低云也能为我们提供接近一些大型动物的机会，比如悄悄走近胆小怯懦的羚羊。如果你幸运地在野外如愿地发现野生动物，你肯定想上前探究它们更多的生活习性，比如在哪里睡觉，怎样哺育下一代等等。不过我必须告诫你，当你全神贯注地关注一些动物的行踪（比如驼鹿和水獭）时，时间将悄然流逝；如果你离目的地还很远，我建议你放弃这强烈的好奇心，抓紧时间赶路吧。

我有一个朋友，他十分喜欢研究鸟类，甚至可以认出岩石上鸣叫的红颈鸪。在我看来，观鸟者好像脱离了现实世界。不过就整体而言，这是一个公正的评价。这是一个非常便捷的兴趣，因为鸟类无处不在，但是意大利的鸟类几乎全部被射杀。很少有鸟愿意配合你进行研究：它们停歇在离你较远的地方，就算是再小的动静也会使它们警惕地飞离现场。所以你必须学会耐心等待，只有这样你才能得到相应的回报。你可以利用小巧的望远镜观察它们的体貌特征，通过鸟的体型、嘴形、腿色以及叫声区分它们的品种。遇到无法辨别的种类，先记住它们的体貌特征，或者拍照，等旅行结束后借助书籍查找相关的资料。如果你是观鸟新手，可以先考虑观察秃鹫、鹰等体型较大的猛禽。它们翼大善飞，性情凶猛，小型的鸟类、老鼠、野兔和蛇都是它们的美味佳肴。通过长期累积知识，你最终可以辨认出那些褐色的小型鸟类。

去海边的悬崖、沼泽地或湖畔看看吧，或许那里正停驻着很多你从来没有见过的鸟儿。本尼维斯山是英国最高的山峰，沿途甚至能发现成双成对栖息于树林的白颊鸟。也许你对外地的稀有鸟种并不了解，因此所看到的每一只鸟儿都是大自然赐予我们最好的礼物。我感到欣喜万分，因为我认出了法国林地里一种奇异的斑纹鸟——松鸦。虽然我不知道这种鸟究竟是否是稀有鸟类（我仔细察看了图册中的松鸦，它的头部、背部及肩部均为红褐色，额、喉及下体羽色较上体略淡，腰部及尾基为纯白色，尾羽中部略具灰色和黑色相间的横斑，翅羽呈栗黑色并有艳蓝色斑块。整体而言，颜色杂乱，令人极不舒服），但是我仍然从中收获了无穷的乐趣。

澳大利亚的鸟类让我们眼花缭乱，那里有色彩华丽的鹦鹉和善于歌唱的燕雀亚目（鸣禽）。雀形目雄性琴鸟的鸣声时而像清脆的笛声，时而像跳跃的音符，重复而响亮。琴鸟不但美丽悦目，且能歌善舞，它们的舞姿轻盈合拍，婀娜飘逸。为了夺得雌鸟的青睐，雄鸟以娓娓动听的歌声、优美的舞姿以及将漂亮艳丽的琴尾频频开屏向心仪的雌鸟求爱，一会儿站在枝头引吭高歌，模仿其他鸟类的叫声，一会儿又跳到地面绽开美丽的尾羽，乐此不疲，直到雌鸟来临。

当地的历史

　　人类几乎已经涉足了地球上所有的土地。除了居住用地之外，人类还在旷野大力开采资源（即便是最令人吃惊的地方，也有废弃的矿山）。通常我们宁可假装自己走在荒无人烟的野外，忽视这些人类活动残留的种种证据。但是在如此苛刻的环境中，我们依然可以从人类活动的痕迹中找到乐趣。

　　就个人而言，我常常被一些并不显著的遗迹所吸引，比如石圈、岩石艺术以及复活节岛的雕像。追溯起来，它们都有一段鲜为人知的历史。在爱尔兰的布伦地区，我们发现了许多以假乱真的石墓。这些宏伟的石墓并没有墓志铭，石面上也没有死者的姓名。也许我们应该让这道风景保持原封不动的状态，因为自然世界早已赋予它们一种无声而特殊的语言。有些人将此类迹象称为人类的灵性和宗教的神性，而我只是简单地把它们看成一种突发的创意行为。

　　结合传统和文化的表现形式，人类才可以进行想象与行动。你了解普雷蒙特雷修道院废墟的历史吗？你知道当代佛教五彩的经幡代表什么吗？我想，只有了解当地的传统，才可以得到更好的答案。有趣的是，由于人类内部的争执，各国在边境修筑堡垒，建立防御工事，从而也形成了一些值得光顾的人文景观。人类之所以会发生冲突与矛盾，总结起来只有三大点：宗教迫害、种族分歧和掠夺土地。为了私欲与名利，人类互相残杀，永不止息。站在这片洒满了鲜血与泪水的大地上，我们每一个人是否应该痛定思痛，大彻大悟呢？

观星

在实际的徒步中，观星并不是一个受众人追捧的话题，然而却有很多作家——包括狄更斯、特里维廉和柯尔律治——强烈建议人们在夜晚的星空下漫步。不幸的是，如果月光强亮，则月亮反射光的流量远大于星光的流量，致使星星能见度降低；若云层较厚，也会妨碍我们顺利地观星。沃尔特·惠特曼在他的诗歌《大草原之夜》（*Night on the Prairies*）中写道："我独自走在夜路里，停下来张望天上的星星，一种从未有过的想法涌入大脑。"惠特曼生活在布鲁克林，因此常常能够欣赏到天空明亮的星星。对于徒步旅行者来说，观星固然有优势，因为我们远离空气污染的城市，在空气清透的野外，将不再有粉尘阻挡明亮的星光。

如果你患有严重的颈椎病，观星时应避免站立仰头；你可以躺在睡袋里或靠坐在背包上，视野同样开阔。用肉眼看去，天上有数千颗恒星，借助双筒望远镜你将看到更多的星星。星图可以帮助你识别星座，虽然有些星座的名称比较相似，但星象却截然不同。金星、火星和木星是最明亮的行星。传统观念认为，太阳系存在九大行星，可自从冥王星被降级为"矮行星"之后，我已经对太阳系失去了一些信心。天上的星星总是处于不断闪烁的状态，而行星本身不发光，只能反射太阳光。在南半球你可以观看三颗最亮的星星，它们是天狼星、老人星以及半人马座的阿尔法星，它们都属于银河系。不过和皎洁的月亮相比，它们稍显逊色，人的眼球似乎总是先被月亮吸引。

肉眼看去，卫星好像稳健移动的行星，但是人们经常将其与飞机混淆。对于快速划过的流星，应该睁大眼睛抓住那美妙的时刻，不要让白驹过隙的瞬间轻易流逝。流星体脱离原有轨道，受地球引力而进入地球大气层，与大气摩擦燃烧，产生光迹。流星划过时，天空留下一道道明亮的痕迹，由于岩石矿物成分的不同，它们发出的火色也有所差异。流星现象在地球时有发生，幸运的是，大部分流星体都不会撞击地球表面，因为它们在下降的过程中逐渐被大气层摩擦烧尽，然而个别落在地面上的流星体便升级为陨石，极具收藏价值。流星雨通常可以预测，有规律性。每年11月中旬是观看狮子座流星雨的最佳时机。这时，你可以躺在乡下的田野里，尽情地享受这场视觉盛宴。

云彩

　　布满天空的云彩似乎并不是什么好兆头，有时它甚至预示着一场惨绝人寰的灾难。在辛苦跋涉了一天的路程之后，放松地躺在草地上观望天空的云朵。如果它呈现出车轮的环状，我劝你最好赶紧起身寻找庇护之处，因为一场恐怖的暴风雨即将来临。

　　你所看到的每一片云彩，不一定都有确切的命名和分类，因为它总是变幻莫测，人们只能根据云彩的大致形态进行分类。约翰·福尔斯认为，学校里的教科书与自然主题有关的内容过于"保守、狭隘、缺乏新意"。他甚至认为，"只有18世纪的想法才是真正觉醒的，正如从镜子里看哲学家，我们也应将自然视为一种召唤、一种感情、一种乐趣，甚至是一首诗，最终它将被遗忘。"达尔文却认为，"自然主要源于个人经验或审美经验，它是感性的，是无罪的。"对于这两个人的结论，我们是否可以兼顾？难道我们非要承受精神分裂的痛苦，一边看着美丽的景致，一边却要考虑它的发展顺序和因果关系？难道我们必须切换观察的模式？不过事情总没有那么悲观，约翰·福尔斯发现：

　　如果我把自然外部的现象和我内心的感受结合起来，我将不再感到矛盾。其实，视觉体验和内心成见是相辅相成的，二者的合并未必不是一件好事。

　　所以无论你看到了什么，最好留出一些情绪反应的空间。这样一来，琐碎的内心矛盾才不会妨碍眼前美丽如画的景致。

　　也许，我应该给年轻人提出一些更好的建议。我的侄子杰兹竟然偷偷地将一个折叠式的风筝塞入背包，不过它确实让我们意外地收获乐趣。一天傍晚，我们在瑞士湖畔浪漫地散步，杰兹展开风筝，兴高采烈地将它放入天空，我们所有人都追着它奔跑，似乎忘却了一切倦意……

17. 徒步记录

徒步者之所以想要记录徒步旅行中的细节，最大的好处是我们可以从中收获整体的经验及感受。我们所做的徒步记录不仅能够帮助自己重温徒步的快感，还可以向家人和朋友讲述旅行的趣闻，或展示徒步过程中收集和拍摄的图片。这样一来，有助于帮助身边的听众或观众塑造徒步的感观及意识。同样，徒步记录是体现自己远足实力最有力的证据，这个理由似乎有些利己，但它确实可以理解。总而言之，如果你想受益于上述的好处，首先需要记录一些徒步的细节。在本章我将围绕徒步记录的方式展开论述，我首选有趣且高效的记录方法。

标注地图是最简单的徒步记录方法。在此之前，你最好在地图上绘制或着重标记出自己的路线图，否则可能会被模糊的路线所误导，有意或无意地产生偏差。地图本身就是做记录最便捷的材料，你可以标出白天和夜晚的休息地，记下停留的时间，也可以标出一些额外的收获，比如在哪里看见鱼鹰、在哪座山发现灰熊等等。如果地图上没有足够的标记空间，可以根据情况自己创建一幅徒步草图。"创建"一词被用在这里好像有些大胆，希望你的草图不要脱离实际路线，越准确越好。在人烟稀少的地方，你可能会遇见一些可恶至极的强盗。这时如果地图是你唯一所做的徒步记录，最好不要让这份珍贵的资料也被掠夺走，不过盗贼也许只垂涎你身上的钱财。

　　每一个人都希望自己能够用文字或图片重塑所见的世界，一些人拥有这种天赋和才能，但是对于绝大多数人来说，这也许是无稽之谈。当澳大利亚作家海伦·加纳接受记者采访时，她说："对于我来说，艺术家和非艺术家的区别在于前者确实能做到这点。"不过对于非艺术家的记录者来说，我们可以借鉴新的方法进行观察和解释，并不断巩固自己的记录技能。这时赏心悦目的景观、每一天充实的活动，以及身边发生的小事情都可以被汇总成记录的资源。它们不是无形的创意，也不是信手拈来的东西，我们应善于观察，公正、真实地作徒步记录。

手工绘图

绘画是最好的阐述方法。当我们还是咿呀学语的孩童时，最喜欢用画画的方式表达自己的内心。随着年龄的增长，我们大多数人都停止了绘画，冻结在封闭的自我意识里。不过只要你愿意多花一些时间，持之以恒地练习绘图的技巧，你就能重新获得这种表述的能力。19 世纪的政治活动家约翰·罗斯金将自己的一生都贡献给了成人绘画的教学，他的课程偏重于教授色彩、透视、取景等最基础的绘画知识。罗斯金认为绘画能够教会人们重视细节，这也与阿兰·博顿的理念相辅相成——"对于任何事物，我们都要学会观察，而非简单地观看。"对于罗斯金而言，绘画是一种理解的手段，人们因此才能领会村庄或景观那种惟妙惟肖的美感。只要你愿意尝试，你一定会乐在其中。

艾尔弗雷德·温赖特也是一名资深的徒步老前辈，他出版了很多以英格兰北部漫步为主题的铜板印刷书籍。这些书广受读者的喜爱，因为温赖特附加了许多手绘的地图。除此之外，他还用钢笔详细地绘出当地的地貌草图，以及乡下别具一格的建筑物。温赖特并没有刻意地为文章内容拟定标题，而是以一种诙谐的方式标注地图，并为"徒步晚辈们"作出图解。可惜的是，并非每一个人都能像温赖特那样有如此杰出的作为，但是我仍然沉醉于这种写生的乐趣。

针对野外绘图，我们应提前准备一些绘画用具。如果选择铅笔画，2B铅笔笔芯较硬，可以画出图中较为明亮的部分，也可以用来勾勒轮廓；4B铅笔笔迹浓厚，且笔芯柔软，适用于画阴影及色调。同时还需要携带一个小型卷笔刀（或小刀）和一块橡皮，橡皮不仅可以擦除错误的笔迹，也可以用来强调图景中的高光区域。应选择规格较小的素描本或速写本，如果过大容易在背包内被压皱。将一张黑色的小卡片裁剪为矩形的方框，在绘画前用来取景和构图。如果你已经娴熟地掌握了绘画技法，可以试着先用铅笔安排布局，画出草图后再用钢笔描图——钢笔速写的优点在于可以精确地记录景观的细节，钢笔的线条也十分明快干脆。此外，你需要准备两支笔尖粗细不同的黑色钢笔。描绘阴影时，可以用拇指迅速地在未干的笔迹上涂抹，产生的效果最为逼真生动。如果你喜欢鲜明的彩色钢笔画，还要另外准备一些彩色钢笔。只要彩色墨水没有毒性，可以用手指蘸少许唾液，抹于上色的部分，增加渲染的效果。另外，你最好把所有的钢笔存放在一个干净的塑料袋中，避免墨水外漏而染脏衣物。这样一来，你就可以放心地进行艺术创作了。

如果不想耽误太多的时间，希望及时抵达目的地，你就必须放弃精细地绘图，只能采用速写的方式记录沿途的景象。傍晚，晚餐后我们有充足的闲暇时光。这时我们可以走出小屋，尽情地描绘屋外的美景。首先，应安排画面布局，粗略地绘制轮廓；其次，描绘目标景物的大致形状和线条，尤其应注意画面的前景，可以用短小而不规则的线条勾勒出来；最后，逐一绘制出景物的细节，做到详略并置，突出重点。一般来说，我们都会把唯美的景色作为绘画主题，但有时你也许想把一株特别的植物、一座别致的农舍或徒步同伴当作创作的主题。当然，选材也有一定的诀窍，我们应首先考虑其是否有一些分明的形状和有趣的纹理图案。如果绘画的时间有限，可以巧妙地利用纸张的空白部分。通过简单的线条突出并强调图像的轮廓，创造一种视觉的冲击力。同时，我也希望你不要过度劳累，因为知道应何时停止绘画对徒步者来说也很重要。

拍照

在约翰·罗斯金生活的年代，达盖尔照相法和玻璃板印刷术还只是刚刚兴起，摄影并未普及。由于技术上的不足，罗斯金认为用相机拍摄景观照颇有些班门弄斧。在罗斯金看来，拍摄者所应该做的只不过是按下快门，所以对于看照片的人而言，他们缺少了一种观察事物的严密性。如今相机已经发展成为每个家庭必备的记录工具。人们快速地按下快门，只需支付少许的费用便能得到数百张照片，因此这也更有力地证实了罗斯金的担忧。虽然快照使我们以散漫的心态观察事物，可是由于它的方便性，确实能够促使人们拍摄更多的照片。所以在按下快门享受相机清脆悦耳的"咔嚓"声时，我们是否应该认真地审视自己这种轻率的行为，是否应该先掂量掂量摄影的精髓？照片的本质在于传达一种环境的氛围，在于记录事物的本质，以引发观者的思考。所以为了做一个称职的摄影爱好者，我们首先应重视照片的取材。确定选材后，构图和用光成为提升照片品位最重要的两个因素。我们拍照的动机虽然只是个人娱乐，可是每个人肯定都想精益求精，最大限度地体现自己的拍照水平。

好的照片往往需要等待，然而大多数旅行者都没有意识到这一点。在远足的途中你可以等待光线的改变，或者通过移动自己的位置以改变拍摄的角度。

相机的配套装备

数码相机的出现成为徒步旅行者的福音。作为一名技术上被专业人士质疑的摄影者，我花费很长时间才放弃爱不释手的胶片相机，但却很快习惯了使用数码相机。因为其成套的设备方便携带和使用，我还可以利用数码技术去除照片中的瑕疵。几年后，我甚至专门找了一些摄影书籍来巩固自己的拍照技术，现在我常常刻意地多加实践，提升自己的摄影水平。

随着科技的发展，紧凑型相机①和单镜头反光相机之间的差距正在不断缩小。一台性能较好的紧凑型相机能够防止拍摄时过度曝光，帮助你定焦及控制色彩平衡。对于徒步者而言，单反相机显得过于笨重，但如果你能适应它，单反相机能够为你提供一个精确的取景器，你也可以根据不同的拍摄状况更换镜头。我习惯携带两个镜头，它们分别是 18 毫米～55 毫米和90 毫米～300 毫米镜头（显然，两个镜头之间需要存在一些差距，广角镜头可能更适合野外拍摄）。在外出徒步前，最好检查相机的配置。在理想的情况下，你可以尝试各种挑战。如果你做不到这一点，可以利用漫长的飞行或乘车时间检查相机的设置。

针对数码相机，需要携带备用电池，或在沿路及时找到电

---

①　紧凑型相机是镜身一体的数码相机，不能更换镜头。设计以轻便、可靠、体积小、功耗低为标准。

源进行充电，因为你可能在一些偏远落后的地区面临充电难的问题。有的相机设有关闭预览画面的功能，它可以帮你节省大量的电量。为了避免电池生锈或钝化，需要经常擦拭电池的金属接触点，使它们保持通畅。在非常寒冷的条件下，电池常常出现问题，所以应连同电池一起把整个相机塞进外套里层，以体温保护机身。同样，电池在非常炎热、潮湿的环境里也不起作用。

如今，数字储存卡已演化为最轻便的胶卷。为了防止内存超支，经过粗略的计算我规定自己每天最多只拍摄30张照片。这样不仅不必多带内存卡，一张卡也足够我一次旅行的拍摄。我常常将相机的分辨率设定为最高，晚上睡前查看当天的照片，删去不满意的图片以节省内存卡空间。

为了有效地捕捉画面细节，尤其是在光照不足的条件下，应该采取一些措施让机身静止。全尺寸的三脚架有些不切实际，但是你可以选择灵活的迷你三脚架，把它平放在背包或岩石上协助稳定相机。有些登山杖手柄处也有固定相机的装置，我建议小心使用登山杖的这项功能，因为若操作不慎，相机很可能从杖柄处滑脱掉在地上。很多摄影者都会因按下快门的瞬间力道过大而致使机身震动、歪斜，从而破坏画面的完整性，降低照片的质量。不过，你可以使用电子或无线式快门线来解决这个问题。

紫外线滤光镜和偏光镜不仅能提升景观照的效果，也可以保护昂贵的镜头不被刮伤、擦伤等。用胶带、绳子将镜头盖和相机机身连接在一起，这样便不会把镜头盖遗忘在岩石上了。多年以来，我已经在路上拾到了数不清的镜头盖。另外，你还需要准备一块清洁布和一把细毛刷，用于清洁机身的粉尘。

无论你选择哪一种类型的相机，最好把它放在背包的上层。我的朋友布雷特总是喜欢把相机握在手里，虽然这省去了不少麻烦，但时间一长，手中的汗液会侵蚀机身。所以我常常把相机包系在腰间，需要拍照时拉开拉链即可，这样做确实很方便。相机包内有容纳备用镜头的格挡，便于我更换镜头，而且相机包里置有平整的格挡片，用于防止机身和镜头间互相摩擦。不过这也有一点不好，因为它紧贴着我的小腹，走路时总是挤压膀胱，使我不能长时间憋尿。

除此之外，我们还应采取加强相机防护的其他措施。在小雨或小雪天气里，我会把浴帽罩在相机包上。如果阴雨连连，天气总无法转晴，为了防止相机受潮，我会停下来把整个相机包放在背包的底层，转而用约翰的紧凑型相机拍摄。这种相机机身小而薄，可以装入夹克内层的口袋。如果你执意想在雨天里进行拍摄，就必须做好一些琐碎的准备工作，不过随后你可能会后悔一时的拍摄冲动，因为你的雨景照片看起来犹如雾里看花一般朦胧不清。透明的塑料袋可以用来防止相机受潮。在干净的塑料袋底部剪一个小洞，镜头通过这个小洞对外界进行拍摄，为了避免机身从塑料袋中脱落，你可以用橡皮筋进行固定。除了雨水，还要注意盐水对相机的腐蚀。所以当你沿着海边的沙滩徒步时，不要大意地让海水激起的浪花溅在相机上。请勿把相机放在沙地上，因为海风可能会将沙砾吹进相机。

拍摄主题及构图

照片的好坏在绝大程度上取决于主题和构图。经过不断的拍摄练习，你会慢慢地领悟摄影的选材及构图法。我们可以根据各种各样的拍摄准则来纠正自己的盲点，但它们既不是一成不变的硬规则，也不是速成的。你必须亲自实践，才能体验到其中的原理——不要总是把拍摄对象正正规规地置于画面的中心位置；尽量将拍摄主题装满于取景器内；不要让多余的物体出现在画面的边缘，而破坏画面的整体秩序；平稳地端持相机，使视野与地平线保持平行；构想前景、中景和背景。通常一个人的鉴赏力取决了他对构图的看法。我倾向于垂直拍摄，这大概是因为我可能需要在书稿编辑时将这些图片进行纵向排版，而且纵向的照片有利于冲击读者的视觉。不过水平（或横向）版式的照片也有明显的优点，便于在电脑上修图，图像调整和放大时不易扭曲变形。我喜欢把天空添入自己的画面，以天空为主题，降低地平线，这样的构图和比例显得有序而沉稳，同时那些有趣且变幻莫测的云朵也可以为主题增添更多戏剧化的氛围。道路是漫长的，你将亲自阅览无数唯美的天景和云景。

　　大自然的景象给我们带来了无穷的欢乐，每一个人都想将眼前的美景变成永恒的记忆，但是照片毕竟是照片，它们缺少了景色中多样的色彩与灵性，因为相机与镜头只是一种机械化的记录工具，它们无法取代我们人类的眼睛。所以拍好照片是一件十分重要的事情，而每一张照片都应该有一个吸引人的亮点。通常我们应该让风景照体现出主体风景的规模感，让它显得宏伟浩瀚、气势磅礴。在这种情况下，拍摄者最好站在中距离的位置取景，因为中距离的视觉有助于向观者传达你的拍摄行径，让他们意识到你在辽阔的景观中处于不断移动的状态。由于徒步是我们主要的活动，所以我们应刻意地把"徒步"体现在拍摄主题中。在我徒步的早期，我并没有意识到这一点，很少这样拍照，如今我后悔不已，因为这种方法能够最真切地表现我所从事的这项活动。除了秀美的风光，所走的小路也可以成为有趣的主题。少数的徒步者不会影响我们对于道路主题的拍摄，但在人潮拥挤的场合中，照片将被行人和背包所占据，画面显得紊乱无序，与道路这一主题相悖。通常我会在同一取景地进行重复拍摄，体现前方路人和后方路人的空间和时间关系。这样一来，画面的背景和主题保持一致，而行人却扮演了不同的角色，他们给整体意境增添了其他意义。

如果你不是独自徒步，而是选择与朋友们一起走路，在特定的场合里，你可能想和自己的徒步小组拍照留念，并在照片背后注明此山、此景或目的地的名称，表明你们曾经到此一游。不过我不太赞同这种留念方式，因为它显得有点刻板，没有任何创新。我更喜欢对同伴们无意中的行为进行拍摄，比如拍他们把靴子提到门外，和当地人交流等，这种类型的照片颇有纪实风格，十分有趣。说到当地人，我认为他们也是值得拍摄的题材之一。那些人生长在与我们不同的国家和风俗环境中，我被他们的生活方式深深地吸引，但总是羞于将镜头直接对准陌生的人们，所以我也错过了很多精彩绝佳的画面。为了捕捉到精彩而罕见的画面，应该大胆地面对这些异国他乡的当地人，敞开我们的心扉，他们大多数人也愿意接受我们的记录。通常这些当地人生活拮据，是贫穷将他们与我们隔绝开来，因此我们有责任用相机帮助他们，让更多的人对他们施予援助之手。有时我会诚恳地询问对方是否愿意接受我的拍摄，有些人婉言谢绝，而有些人虽然同意了我的要求，可拍摄的表情和姿势却显得不自在、不协调。实践证明，我的询问是多余的，这会使被摄者陷入一种有意识且尴尬的局面。所以后来我只询问对方我是否已与他们建立了绝对融洽的关系，一旦双方融洽，便存在着一种互相的信任。这样一来，他们与我便更亲密了。然而我在这方面总是做得有些不足，同时也很嫉妒我的同伴所富有的那种人格魅力，或者他们在当地人拒绝的情况下，依然能厚脸皮且没有罪恶感地进行拍照。尤其走在异地人常常出没的旅游胜地，你将切身感受到当地人的焦虑感，这时你也面临着更彻底的考验。

相比之下，我只有在面对花卉和其他缺乏自我意识的物质时，才会抱着更加轻松的拍摄心态。因为无论是植物还是动物，相机的介入并不会打扰到花朵在微风中的摇曳，也不会让它们羞怯地想立即挖个地洞躲藏起来。对于拍摄野生动物，长焦镜头是必不可少的装备。如果你热衷于对植物和昆虫拍摄特写镜头，可以考虑用微距镜头辅助拍摄。一路上每个人都会看见不同的东西：杰兹用一组灰棕色色调的照片记录了大量的巨型鼻涕虫，然而我却没有注意到它们的存在。如果和其他摄影师同道而行，你最好放弃那些显而易见的诱人画面，因为其他人很可能已经先于你完成了拍照。所以你应该独自寻找更新颖的题材，用自己的创意和观察赢得观者的目光。不要被拍摄所束缚，摄影的另一诀窍在于摆脱局限性的约束。并不是每一张好照片只有一个拍摄优势点，你可以转为采用另一个拍摄点。只要拍摄角度发生改变，构图也跟着改变。通过视角和构图，我们可以说明照片涵盖的意义。从另一方面说，如果存在多种观察点或拍摄点，最好避免采用最普遍的拍摄角度，而应寻找独到的视点，这样你的照片将显得与众不同。

摄影的用光

根据光线的变化，我们应随时对相机的操控和镜头作出必要的调整。如果你习惯使用相机的自动挡，你可能会选择"景观模式"作为其默认模式。除非拍摄人物或花卉，你才需将其调整为"人像模式"或"静物模式"。试图完善摄影知识与技术，你的照片才会更加具有说服力，才会更加完美。因此我们应学会自定义编程模式，在阴天或晴天适当地改变白平衡，并选择快门速度和光圈的大小。同时，数码相机的感光度（ISO）是决定图片质量的关键。ISO 设置为 100 时，有利于体现景观照的细节。在光线昏暗的环境下，应相应提高感光度，但感光度越高，图片的噪点就越多，使细节不明确。同时，你必须确保相机平稳（必要时借助三脚架、快门线进行拍摄），避免震动，否则图片将模糊不清。当你想让野花或形状有趣的岩石作为照片的前景，应注意拍摄的景深，适当改变光圈，达到预期的理想效果。

和胶片相机相比，数码相机体现动感的能力稍显逊色，它们不能在同一张照片里同时捕获光和影变幻的影响。尤其在阴影区内，强烈的光线会使明亮部分显得像"顿时闪光"一样，呈现出白亮的效果，失去应有的细节。此外，数码相机也无法明确地展现阴影中的细节。我常常发现峡谷和海岸的峭壁隐藏着不为人知的东西，通过不断的构图与拍摄，我认为人类的观察能力和思维能力真是太了不起了。我总结出一种可以迅速提升拍摄技术的方法：试着为同一场景进行多次拍摄，随时更换镜头，采取不同的观察视角，还应根据不同情况调整曝光补偿（紧凑型相机和单反相机都有这项设置）。在热带雨林或树木浓密的林地，阳光被厚实的树叶所遮挡，无法顺畅地洒向大地。暗弱的光线给你带来了一定的拍摄困难，你不得不先"按兵不动"，直到你发现了一条小溪或一方水塘，它们能及时地将接收的阳光反射进你的镜头。

在休息时间，试着用不同的快门速度记录横流的河水或缓慢倾泻的瀑布。快门速度越慢，拍摄的水流就越有一种腾云般的梦幻感。晨光和晚霞使画面有更多的纹理和阴影，还能传达出一种温暖的意境，因此很多摄影师喜欢在清晨和傍晚进行拍摄。不管走在哪里，你可以利用这种时间优势，用光来美化自己的主题。然而当拍照时间为中午时，你应该把重点放在那些本质是有趣的主题上，同时需注意不要让顶光干扰画面的整体效果。

拍照的后期工作

作为一份记录徒步生活的珍贵资料，照片的后期处理是十分必要的。当海拔越高、天气越热时，照片色调不明晰，呈现出一种朦胧的雾感，通过用图片编辑软件调整对比度和色彩平衡，这些问题便得以解决。一般来说，冲洗出来的照片色调与电脑上所看到的原版片颜色持平，但有时却比原片偏亮。在处理照片时，如果你想把照片的曝光表现得更加完美，可以用图片处理软件修正阴影区和明亮区的瑕疵。拍照前，若镜头无法充分地放大主体，从而不能体现出图片的重点和结构，你可以在后期利用"照片剪裁"这项功能剪除不必要的部分。在裁剪照片这一问题上，一些比较专业的摄影师喜欢在照片上绘制线框，用以代表要裁掉的部分。从长期来看，经过和原片不断对比，这种方法有利于提升自己的摄影构图水平。然而有的摄影师却善于借助方便可得的图片后期制作软件来处理照片的不足，最大限度地体现出照片中的完美。

数码时代是一个革新的时代，它方便了我们拍摄，但却让我们陷入另一种不断恶化的惰性中。回到家后，看着硬盘里存储的为数甚多的图片，你可能无法耐心地一张一张地处理它们，甚至连看都不想再看一眼。为了避免这种情况，你应该先把它们存储在电脑或其他安全的硬盘里，经过不断筛选，挑出自己最满意的一批照片。现在你只需稍后修改这批照片，给它们拟定名称，标明自己当时在哪里，正在做些什么事，以及和谁在一起等等。在拍照时我会专门制定一个参考表格，以帮助我回忆山峰和地标的名称。

要是有充足的时间，你最好在归类后将照片冲洗出来，装订成一本精致的个人旅行图册，用以纪念自己伟大而美妙的徒步旅行。除此之外，你还可以将规整的照片制作成数字放映式幻灯片，并添加一段合情合景的音乐，等到亲朋好友前来拜访时，在电视或电脑上为客人们播放自己独创的作品，或者也可以把它们通过电子邮件发送给远方的朋友。在编辑时不一定非要严格地按照时间顺序编排图片，除非你的观众表示想要按部就班地看你所走过的路线。所以你可以选择围绕事件的主题编排图片，这将会使整个相册或影音文件的意义得到升华。对于个人旅行图册和幻灯片，我更喜欢前者。不管你想制作哪一种回忆录，都应该根据你的观众或听众要求来选择回忆录的形式。

记徒步日记

人们会在海上航行时保持记日记的习惯，然而在陆地上由于有更多值得关注和观察的事物，就忘了记日记。对于这种现象，弗朗西斯·培根表示十分费解。"让我们从此养成写日记的习惯。"培根在 1625 年提议道。

如果像我一样，随着时间的推移，记忆逐渐减退，像烟花一样消失——为了挽回稍纵即逝的记忆，我们应该把每一天徒步生活中的精彩瞬间记录下来。尽管你已经累得想在吃完晚餐后立刻钻进温暖的被窝，但设想道格拉斯·莫森当时的境况。患病的他仍然在 1912 至 1913 年间前往南极进行探险，尽管他的两个同伴已经遇难，但他忍住悲痛，忍住手指冻伤的疼痛，仍然坚持每天详细地写日记。那些珍贵的细节将是你旅途中一切经历的见证，你所感受过的酸甜苦辣、悲欢离合，是一种历历在目的回忆。至少，休息日和坐火车回家的时间足够你记下旅途中的点点滴滴。尤其对独自徒步的人来说，写日记是一种十分重要的记录形式，因为它是内心的自我告白。

同样，坚持写日记也适用于结伴而行的徒步者。尽管约翰有超人的记忆力，但他的大脑里所存储的事情往往与我的不一样。在远足结束时，他甚至能够准确无误地说出我们每一天所吃的饭菜，但却无法记清楚我们路途中遇到的每一个特别的路人。

那么我们的徒步日记应该包含哪些内容呢？首先，你可以记入路经的地形和植被种类，其次对住宿地点和住宿环境加以描述，如果路上遇到了让你印象深刻的人，你也可以把他们写进日记；对于某些模糊却特定的路线，你可以斟酌其可行性，写入日记，日后把这一信息传递给他人。因为在产生某些分歧时，你同样希望能有人向你提供宝贵的意见。当然，每一个人的兴趣是不同的。我最近浏览过一位徒步者的博客，在博客里作者令人难以置信地为我们描述休息地每一家酒吧的细节，我从未料想到有人竟有如此之雅兴。你也可以把装修怪异的住所和主人家的怪癖写出来，相信一定有人对你独到的观察感兴趣。如果你已经把同伴身上令你无法容忍的缺点写入徒步笔记，那么应该妥当地保管，避免因内容泄露而影响你与他人的关系。所以有时候，你也可以采用独特的符号或速记法草草地记下你想表达的内容，这样不仅节省时间，还能有效防止他人窥视。如果你不想让徒步日记成为他人的读物，最好在日记本的封面提前写好"请勿阅读"等字样。写日记有助于提升大脑的思维，所以不要让那些陈词滥调误导了我们的思维。

　　和要好的朋友同行时，我还是喜欢在旅行结束后彼此分享徒步心得。通过相互传阅，我们能更深入地了解对方。对于不同的态度和看法，我们应抱着学习的心态，这样才能使自己不断进步。我常常采用扫描的形式将文本借给朋友阅读，因为杰兹曾有一次在我的复制本上圈圈点点，每一页都画满了奇怪的图表和拼写错误的单词，幸好我没有给他原作，否则对我来说将是一场浩大的劫难。不过我对杰兹潦草的字迹仍感到十分好奇，他到底在我的复印本上写了些什么呢？于是我花了一些时间将它们解译出来，发现他真的太了不起了，和他出奇制胜的旅行想法相比，我们大多数人真是太平庸了。尽管我们的手写体无法与铜版印刷书籍相比，但经过不断的尝试，说不定你就是下一个阿尔弗雷德·温赖特。

　　在旅行中，我们并非每一天都有充足的时间写完一篇完整的徒步日记，因此我们可以先梗概地记下关键的词句，等到回程后，根据潦草的笔记回顾并推理旅途的细节，再具体地整理和完善徒步日记。作为日记的结束语，你可以增添一些其他内容：远足中最让你难忘的是什么？发生了哪些意外？你最大的挑战是什么？此外，你应勇敢地把那些令你感到不愉快的事情和没有按照原定计划进行的事由、细节陈述出来。当事情得以平息后，放下了原有的自尊，却能从当初的冲动中彻底自省。然而并非巧合的是，很多专注于描述旅途争执的文章读起来都趣味十足。在接下来的若干年里，你的徒步日记将帮你重温每一个难忘的时刻，它不仅仅是一本简单的个人旅行记录，还是你人生中一笔珍贵的财富。

18. 久违的文明

当我们徒步抵达目的地大功告成时，终于可以卸下背包好好歇息一番了。坐在回程的汽车/火车/飞机上，你满心欢喜，倦意全无。这时你可能对自己内心这种突然涌起的兴奋劲儿感到很奇怪，尤其在刚刚走完偏远路线的徒步者中，这种现象极为常见。据亨利·戴维·梭罗以及曾去鞑靼大草原①探险的徒步者报道，"当我们结束了探险，重新踏入并回归那习以为常的文明国度时，那种源于文明的焦虑、茫然和骚乱突然涌现，使我们心情沉重，甚至让我们感到窒息；我们无法在如此压抑的空气里生存，若是再多待一秒，我们恐怕将窒息而死。"

起初我鼓动你去远行，又为你提供了许多有用的建议，而

---

① 指中世纪时受蒙古人统治的自东欧至亚洲的广大地区。

现在我想让你在返回的途中亲自体验那种让我们措手不及的窒息感。如果省略了最后一步，你的旅途将不再完美。诚然，我们可能会突然不适应社会的嘈杂与混乱，但等到工作和生活恢复正常后，你也许还想再次经历一些小小的冒险，冲销生活中的一切乏味与平庸。

然而经过多次野外探险，你也会积累很多生存常识：你将知道哪家旅店可以洗热水淋浴，知道在哪里能睡上舒适的床垫，同时你将有机会再次和亲朋好友分享徒步生活的酸甜苦辣。普通的旅者在回程时大都对自己的经历津津乐道，认为自己既看到了无与伦比的美景，又品尝了地道美味的当地美食。对于徒步者而言，你收获的成果似乎更加丰硕——跋山涉水，永不言弃，最终战胜了大自然，战胜了自己，你脚上破旧的靴子就是这场胜利的见证，背包中的书籍陪伴着纯洁的心灵，将你引向另一个精神世界。路程较为长远的徒步旅行使你的身体处于不断的运动中，长期下来有助于改善体质。只有身体足够硬朗，你方能轻松地攻克各种野外难关。事实上，你的身体将逐渐习惯这种高强度的行走运动。如果突然停止，它将出现一些不适症状。为了防止身体机能失衡，你应该及时地为自己制定一些短程徒步计划，让它逐渐适应平缓、强度小的运动模式。在身体处于恢复阶段，胃口也可能会突然大增，因为它需要为身体重新储存足够的能量，但是注意不要暴饮暴食。

　　回到家中，你需要处理许多琐碎的事务，比如洗衣服、整理票据，以及回复电子邮件等。做完这些堆积如山的琐事后，在休息之余拿出地图，用深色彩笔描出你的路线，沿着路线圈出或写出你所经过的地名和地标。针对某些具有人文特色的地域，你可以查资料进行拓展阅读，加深对当地文化风俗的了解。挑选出最满意的照片，然后将它们冲洗出来，与朋友们分享。在我看来，徒步的意义并不是建立在比拼速度和距离上，更重要的是，我们应设法将这些珍贵的时刻永远地留住，让它们滋养我们的灵魂，在此引用华兹华斯一段时尚的诗句：

　　　　常常，我躺在沙发上，

　　　　感到空虚，心情忧郁，

　　　　久违的记忆突然闪入双眼，

　　　　也许这就是独处的幸福；

　　　　慢慢地，我的内心便填满了快乐，

　　　　和婀娜的水仙花一起共舞。

　　　　（摘自《水仙花》（*Daffodils*））

除了收获那些特别的快乐，你的旅行将彻底改变你对生活的态度，从根本上改变你的人生。首先，你一定会为自己的成功感到自豪。马克斯·比尔博姆诙谐地说："人们似乎已经达成共识，他们怀着固有的道德和良知去徒步，因此收获了比预期还要多的骄傲。"有些人宁愿慵懒地待在家里，或"麻木地"留守在工作岗位，也不愿畅快地将自己释放到大自然的徒步活动中，所以在比尔博姆著名的徒步演讲中，他公开表示自己无法理解这些人的想法。

我们大多数人可能从一开始接受徒步，直至最终狂热地爱上徒步运动，所以这整本书看起来好像说教一样，总是大张旗鼓地宣扬徒步的好处。尽管如此，仍有一些聪明的徒步者试图通过自我意识来控制自己对于徒步的热情。在莱斯利·斯蒂芬的《徒步赞》（*In Praise of Walking*）一文中，他透露说："当我走到远方的岬角开始大口地享受美味的三明治时，我把自己想象成一个诗人和圣人的结合体——这让我感到愉快。然而我想说明的是，徒步者的感觉能力存在着一种禁锢，而有时我们却无法逾越这样的禁锢。"所以如果你有能力足以应对艰辛的环境和身体的挑战，你的内心便会升起些许的自豪感。这是一件好事，因为它能让你感到更加自信。

从另一个方面来说，远足旅行是对我们文明生活的一种干扰，并给我们的生活带来了很多令人烦忧的问题。早在 1807

年，威廉·华兹华斯就这样描述现代生活：

> 在物质丰富的世界，
>
> 我们获取并消耗着资源，
>
> 慢慢地，我们开始了不该有的浪费；
>
> 可自然的绝大部分却不属于我们；
>
> 我们已经背离了自己的心，
>
> 它已变得肮脏！
>
> （摘自《物质丰富的世界》（*The World Is Too Much With Us*））

哲学家卢梭和他的追随者一致认为，现代世界弊病的解毒药就是回归简单朴素的生活方式。通过体验远足徒步，我们可以亲自尝试一下这个处方是否有疗效。对于我来说，我努力地把生活简化为走路、吃饭、睡觉三种简单的旋律。当我逐渐适应新的节拍，那些长期压制我的超重感便烟消云散了。我曾天真地想无限期地延长这种简单的生活模式。我宁愿把时间消耗在乘坐飞机、入住旅舍，或享受野外丰盛的美味上。既然支付了相应的费用，那么就能收获应有的乐趣——这对于现实世界中的我们来说，也是相同的道理，因为我们总是在不断地获取、消耗，获取、消耗……其实，我完全可以"全副武装"，背上自己的帐篷，不受外界环境的影响，过一种全然自给自足式的生活。但是我们的文明世界却存在着很多令我们无法割舍的元素，若彻底地脱离它，我们将难以生存，也许这就是所谓的平衡。当我们回到家中，或许会刻意地简化自己的生活，至少让它看起来不再那么凌乱。

我们将宝贵的时间投入到自然世界，作为回报，我们学会以不同的角度重新审视自己的生活。同时，我们也学会了安静，直到下一次徒步机会的临近，我们将再次兴奋地为之作全盘准备。当然，我们会更加感激这个文明的世界，感激大自然赐予我们的环境，尽量约束自己的行为，让可爱的世界变得更加美好。总而言之，回归也是远足旅行一个十分重要的部分。我们看到了世界的另一面风景，这有助于我们了解大自然的环境，同时这也是属于我们的环境，带着一些沉重的使命感回家，仿佛比那些照片、纪念品，甚至回忆更加值得珍惜。

作为结束语，当我们回归文明世界，特别需要注意一些潜在的危险因素。除非你来到了水上城市威尼斯，在其他地方首先应遵守交通乘车和行路安全的规则。

附录：慢走前的准备

十大名单

当我坐下来编制自己最喜欢的远足徒步路线时，突然感到十分为难，因为我的个人经历有限，所以这里只是我目前提供的名单列表，希望能为你提供参考：

A 代表商业化路线

C 代表必须露营

X 代表我们自己制定的远足路线

十大徒步集中点

（无顺序编排，所有区域都适合一日徒步游。）

● 蓝山（澳大利亚）

- 瓦努瓦斯山（法国）

- 多洛米蒂山（意大利）

- 伯尔尼高地（瑞士）

- 比利牛斯山（法国）

- 约塞米蒂国家公园（美国）

- 萨尔茨卡默古特（奥地利）

- 湖区（英格兰）

- 大帕拉迪索山（意大利）

- 悉尼海岸线（澳大利亚）

十大远足路线

（为了增加难度，你可以独自行走。）

- 西南海岸步道（英格兰）A

- 路特本步道（新西兰）A

- 塔斯马尼亚陆上路径（澳大利亚）A

- 雷斯—达特步道（新西兰）

- 韦尔东峡谷（法国）

- 吕基亚路（我是一个乐观主义者！）A

- 温赖特的海岸线路线（英格兰北部）A

- 科西嘉岛，从沿海走到山区（地中海）X

● 勃朗峰之行（法国/意大利/瑞士）A

● 高山国际路段（法国/瑞士）A

十大历史文化之旅

（难度有所增加。）

● 塔恩峡谷（法国）

● 阿马尔菲海岸（意大利）

● 里奇韦（英格兰）

● 翁布里亚山区（意大利）X

● 奥法堤小径（威尔士）

● 五渔村环形道（意大利）X

● 多尔多涅环形道（法国）X

● 阿尔萨斯和孚日山脉（法国）X

● 阿勒普耶罗斯（西班牙）X

● 圣雅克之路，勒皮到孔克（法国）A

十个准备走的路线

（充满了冒险，根据难度排序。）

● 索斯博恩路径和欣钦布鲁克岛（澳大利亚）C

● 汤加里罗环形道（新西兰）

- 斯凯岛（苏格兰）

- 朱利安山（斯洛文尼亚）

- 尤通黑门山国家公园（挪威）

- 多洛米蒂山（意大利）X

- 托雷德裴恩国家公园（南美）A

- 喜马拉雅山（亚洲）A

- 史卡法特国家公园（冰岛）C

- 海莱恩小径（美国）C

有用的网址

（虽然网络资源的变化十分频繁，但至少目前这些网站的内容
值得我们参考。）

徒步者的机构组织（英文版）

- www. americanhiking. org——美国元足协会

- www. bushwalking. org. au——澳大利亚徒步组织

- www. cai. it——意大利高山俱乐部，内附详细的住宿信息

- www. canadatrails. ca/hiking——主要描绘加拿大远足路线

- www. dvl. dk——丹麦徒步协会

● www. era-ewv-ferp. org——欧洲机构，对 E 小径及适合徒步的国家进行了详细的介绍

● www. ldwa. org. uk——英国远足路线信息

● www. pttk. pl——波兰的徒步协会

● www. ramblers. org. uk——英国徒步协会

● www. stfturist. se——瑞典旅行俱乐部

● www. turistforeningen. no——挪威山区旅行俱乐部

有用的徒步信息

● www. webwalking. com——与全球徒步网站相链接

● www. walkingontheweb. co. uk——欧洲适合徒步的地方

● www. gorp. com——北美适合徒步的地方

● www. john. chapman. name/bushwalk. html——受人尊敬的作家讲述澳大利亚之行

● www. newzealand. com/travel——新西兰的徒步活动，进入这个网站后，搜索"walking"

● www. discoverireland. ie/walking——爱尔兰旅游局，附有详细的徒步信息

● www. southafrica. info——包括南非的徒步地区

● www. trekkinginturkey. com——详细介绍土耳其两条远足路线

● www. utivist. is——冰岛徒步旅行信息

● www. ont. lu/index. php——卢森堡旅游局，进入网站后，搜索"walks"

徒步旅行运营商

● www. auswalk. com. au——澳大利亚徒步指南及个人指南

● www. backroads. com——露营指南，徒步旅舍住宿指南

● www. countrywalkers. com——三十多个国家的徒步指南

● www. exodus. co. uk——全球徒步指南

● www. peregrineadventures. com——全球徒步指南

● www. sherpa-walking-holidays. co. uk——欧洲徒步指南及个人指南

● www. walkingtheworld. com——五十多个徒步之地

● www. wildernesstravel. com——全球徒步指南

● www. worldexpeditions. com——全球徒步旅行指南，欧洲个人指南

膳宿

● www. bedandbreakfast. com——110 个国家的 B&B 旅店详情

● www. gites-refuges. com——法国沿路旅舍

● www. hostels. com——世界各地的旅馆数据库

● www. hutten. be——欧洲山间小屋

● www. iloveinns. com——美国和加拿大的 B&B 旅店

● www. iyhf. org——国际青年旅舍，链接相应的国家网站

● www. minshuku. jp——日本家庭式的 B&B 旅店

● www. townandcountry. ie——爱尔兰 B&B 旅店，搜索"activity holidays"

（不同地区的旅游网站链接着不同级别的膳宿地点。）

铁路

● www. amtrak. com——美国铁路

● www. nationalrail. co. uk——英国铁路票价及时刻表

● www. raileurope. com——35 个欧洲铁路系统

● www. viarail. ca——加拿大铁路

书籍和地图

● www. stanfords. co. uk——徒步书籍和地图的零售网站

● www. themapshop. com. au——澳大利亚徒步地图

● www. mapsworldwide. com——美国徒步地图

● www. trailblazer-guides. com——英国和全球徒步精选地的路线指南

● www. lonelyplanet. com——不同国家的徒步指南

● www. cicerone. co. uk——以英国和欧洲为主的徒步指南

拓展阅读

（在此，我为你罗列了一些和徒步有关的文献资料，其中包括了徒步的具体安排和注意事项。）

● 克拉斯·格伦德斯腾（Claes Grundsten）的《徒步旅行！》（*Trek*!），特莱西德出版社，2006 年出版；作者慷慨地为我们总结了世界各地的徒步佳地，内容十分全面。

● 杰克·约翰逊（Jack Johnson）编辑的《世界徒步地图集》（*Trekking Atlas of the World*），纽荷兰出版社，2006 年出版；书中总结了全球范围内五十多个徒步地点。

● 沃尔特·安斯沃斯（Walt Unsworth）所著的《世界经典徒步之旅》（*Classic Walks of the World*），牛津画报出版社，1985 年出版；虽然涉及的地方很古老，但它们仍然经典，值得一去。

● 吉莉恩·苏特（Gillian Souter）所著的：

——《西欧经典徒步之旅》（*Classic Walks in Western Eu-*

rope），Off the Shelf 出版社，2000 年出版；书中的徒步笔记对 13 个地区进行了详细的描述。

——《走在意大利》（*Walking Italy*），Off the Shelf 出版社，2002 年出版；其中以一日游为主。

——《走在法国》（*Walking France*），Off the Shelf 出版社，2005 年出版；详细地介绍了法国几乎所有的远足路线。

● 亚当·尼科克尔森（Adan Nicolson）的《国民徒步信托书》（*The National Trust Book of Long Walks*），Weidenfeld & Nicolson 出版社，1981 年出版；对英国十条远足路线进行详细描述。

● 艾尔弗雷德·温赖特（Alfred Wainwright），他所著的所有的有关英格兰北部之行的书都值得我们阅读。

● 克夫·雷诺德（Kev Reynolds）的《漫步在阿尔卑斯山》（*Walking in the Alps*），导游出版社，2005 年出版；书中精彩地概述了相关的步行区的状况。

● 斯文·克林格（Sven Klinge）的《澳大利亚经典徒步之旅》（*Classic Walks of Australia*），纽荷兰出版社，2000 年出版；其中包括一日游及远足旅行内容。

● 克雷格·博顿（Craig Potton）著有《新西兰经典徒步之旅》（*Classic Walks of New Zealand*），克雷格·博顿个人 1998 年出版；书中添加了其他发表者的言论。

● 克里斯·汤森（Chris Townsend）著有《勇往直前的背包

客》（*The Advanced Backpacker*），Ragged Mountain 出版社，2001 年出版；尤其对行走野外的徒步者来说，这是一本很好的书。

● 乔纳森·切斯特（Jonathan Chester）著有《户外的伴侣》（*The Outdoor Companion*），西蒙和舒斯特出版社，1991 年；此书以"幸存"为副标题，主要阅读对象为荒野徒步者。

● 理查德·达乌德（Richard Dawood）编辑的《旅行者的健康》（*Travellers' Health*），牛津大学出版社，2002 年出版；综合讲述了有关健康的事项。

● 彼得·伊斯特维（Peter Eastway）的《旅行之景观摄影》（*Landscape Travel Photography*），孤独星球出版社，2005 年出版；这是一本很简明但极为有趣的手册。

● 罗伯特·汉森（Robert Henson）著有《天气概况指南》（*The Rough Guide to Weather*），Rough Guides 出版社，2007 年出版；这是一本全面的指南。

● E. V. 米切尔（E. V. Mitchell）编辑的《走路的乐趣》（*The Pleasures of Walking*），先锋出版社，1948 年出版；此书目前已绝版，但其中的内容却十分精彩。

● 罗恩·斯特里克兰（Ron Strickland）编辑的《母马的腿骨：概述非凡的徒步》（*Shank's Mare：A Compendium of Remarkable Walks*），Paragon House 出版社，1988 年出版；收集并汇编以徒步为主题的文献资料。

背包装备列表

（根据自己的要求挑选装备。）

鞋袜类

● 户外鞋子或靴子

● 晚上穿的鞋（沙滩凉鞋或轻便的运动鞋）

● 户外袜和穿在里层的袜子

服装类

● 内衣和睡衣

● 保暖内衣

● 腿部带拉链的长裤或短裤

● 徒步衬衫（根据季节而定）

● 羊毛夹克衫

● 换洗衣物

雨具

● 防水透气外套

● 防水裤

饰品

● 手帕（可用于绑头发或包扎伤口）

● 带帽檐的遮阳帽

● 保暖帽和短围巾（寒冷气候条件下携带）

● 手套（最好是有衬里的手套/保温/防水）

● 泳装（可根据需要选择）

● 雪套（有效防止腿部因积雪冻伤，也可防止泥浆灌入鞋内，及毒蛇咬伤）

必需的装备

● 背包和折叠式小型背包

● 防潮袋（一个大塑料袋就足够了）

● 背包防水罩

● 装东西的大袋子，以及可密封的塑料袋、垃圾袋

● 地图和指南针

● 水瓶和水袋

● 净水物质（净水片或过滤器）

● 头灯

● 太阳镜

● 防水手表

● 求生哨

● 记事本、铅笔和钢笔

● 信用卡/借记卡和当地货币

● 车票、门票和护照

有用的装备

● 登山杖

● 驱蚊剂

● 沿路住宿点列表

● 修理包：胶带、备用鞋带、别针、针线

● 小刀

● 密封性食品盒

● 相机、相机包、电池、记忆卡、充电器

洗漱用品

● 超细纤维毛巾

● 牙刷和牙膏

● 防晒霜和唇膏

- 肥皂（可降解，不污染环境）

- 洗发水和护发素

- 保湿水

- 梳子或折叠式梳子（你也可以用手指代替）

- 耳塞

- 卫生棉和卫生巾

- 卫生纸和小包餐巾纸

- 指甲剪或剪刀

- 剃须刀

- 处方药

急救包

- 止痛药

- 抗组胺剂

- 抗发炎药物

- 抗腹泻药

- 消毒剂

- 治疗水泡的外敷药

- 膏药

- 绉纱绷带

- 镊子
- 再水化药剂
- 救生毯

可选装备

- 丝质的被单衬里
- 护膝或护踝
- 重量较轻的雨伞
- 多功能插头
- 弹性挂线
- 小望远镜
- 睡前读物
- 手机
- GPS

露营装备

- 轻便的帐篷
- 睡袋和睡垫
- 锅具、炉具和火柴
- 餐具
- 食材

鸣谢

感谢 Kathy Mossop 对我持久的支持，感谢 Rebecca Kaiser 孜孜不倦的指导，感谢 Angela Handley 和 Allen & Unwin 小组为我提供技术上的指导。感谢广大徒步友人向我提出的宝贵意见，感谢我最忠实的伙伴——约翰。

译后记

当我接到这本书的翻译任务时，一心欢喜。的确，我个人对于徒步这项运动有浓厚的兴趣，所以我也想尽力将《慢走：徒步旅行的乐趣》这本书中精彩绝伦之处译得更有韵味。

本书作者吉莉恩·苏特是狂热的澳大利亚徒步者，她的书与市面上大多数徒步的书籍不同。为此我专门去书城阅读了很多此类内容的书，它们大都以旅行游记的形式展现了作者在途中的经历，很少有人能像吉莉恩·苏特这样将徒步作为一种事业，并以客观的视角总结归纳徒步的要点和事项。这也正是本书的一个看点。

作者的思路很明晰，整本书巧妙地被分为四大部分：远行的意义、计划远行、行走中遇到的各种问题及解决方法、回归。《慢走：徒步旅行的乐趣》并非单纯地讲述徒步的心得体会，而是将一切因素加以深思后，更具体、更全面地为我们整合。它似乎强调的是一种"质"变，能让我们从一本书中学得各种应对技巧和协调能力。

在当下匆忙的生活节奏中，我们也应该找个适当的时间停下来休息休息了。走入自然，去感受那鸟语花香，试着让自己的灵魂全然放松。无论是异乡的美景，还是新奇的感受，都会对我们进行彻底的洗礼，这是一种宝贵的精神财富。

在翻译中，我也遇到了很多棘手的问题，比如作者在书中提及的一些较为罕见的地名，经过翻阅书籍，借助网络和老师们的帮助，我最终得以选择较确切的译法。对于一些名人的佳句，我尽力不脱离原意并表达得更具文采。同时在翻译中为了不使读者因文化背景的差异而影响阅读，我也适当地增加了些许更活泼的表达。

我要感谢费小琳老师给我提供了这难得的翻译机会，让我在翻译过程中学到了不少徒步知识。同时，感谢责任编辑蒋霞老师认真修改译稿中的不足之处。感谢沈小农老师给予我徒步知识方面的指导。

在我的翻译过程中还有我的一些密友帮助我搜集专业信息，并一起针对信息的准确度加以讨论。唯以借助他们的热忱帮助，我才得以顺利地完成此书的翻译。

最后希望读者——众多徒步爱好者喜欢这本书，让本书帮助你更加安全快乐地享受徒步之旅。也希望那些宅在家里的年轻朋友，能够通过这本书走出家门，爱上徒步。

译者
2013 年 4 月

图书在版编目（CIP）数据

慢走：徒步旅行的乐趣/（澳）苏特著；徐沐子译.—北京：中国人民大学出版社，2013.5

ISBN 978-7-300-17381-8

Ⅰ.①慢… Ⅱ.①苏… ②徐… Ⅲ.①步行-文娱性体育活动 Ⅳ.①G895

中国版本图书馆 CIP 数据核字（2013）第 081754 号

慢走：徒步旅行的乐趣

吉莉恩·苏特　著

徐沐子　译

Manzou：Tubu Lüxing de Lequ

出版发行	中国人民大学出版社			
社　　址	北京中关村大街 31 号	**邮政编码**	100080	
电　　话	010 - 62511242（总编室）	010 - 62511398（质管部）		
	010 - 82501766（邮购部）	010 - 62514148（门市部）		
	010 - 62515195（发行公司）	010 - 62515275（盗版举报）		
网　　址	http：//www. crup. com. cn			
	http：//www. ttrnet. com（人大教研网）			
经　　销	新华书店			
印　　刷	北京市易丰印刷有限责任公司			
规　　格	135 mm×190 mm　32 开本	**版　次**	2013 年 5 月第 1 版	
印　　张	10.75	**印　次**	2013 年 5 月第 1 次印刷	
字　　数	179 000	**定　价**	35.00 元